作って冷蔵庫にストックしておけば、
ごはんに、お弁当に、すぐおいしいおかず109

常備菜

飛田和緒

はじめに

「常備菜」とは、常に食事に備えて作っておくおかずのこと。基本はそのまま食べられること、温め直しや、直前にあえることもありますが、冷蔵庫から出して「はい、どうぞめし上がれ」と言えるレシピをこの本に詰めました。

保存食とはまた別物で、日持ちがするものばかりではありません。翌日も食べられるくらい作るのが、常備菜。家族が好み、毎日でも食べたいとリクエストのあるもの、お弁当や忙しい朝食作りに役立つものなどなど、わが家の冷蔵庫に必ずといっていいほど入っているものばかりを選びました。

祖母や母が作ってくれた懐かしい味、私が自分の台所を持った時から作りはじめた味、夫好み、娘好みの味。くり返しくり返し作ってきたレシピを、読者のみなさんにも味わっていただけたらと思います。「これさえあれば」が冷蔵庫にひとつふたつ入っていたなら、食欲がわき、さぁ炊きたてのごはんを用意しようという気になるのです。ごはん作りのついでに、時間のある時にせっせと常備菜を作り置く。そんな毎日が続いています。

飛田和緒

もくじ

【1章】肉・魚で

8　ひき肉のソース炒め
9　ひき肉と高菜の甘辛煮
10　牛しぐれ煮
11　牛すじの塩煮
12　鶏ひき肉のみそ焼き
13　鶏皮のゆずこしょうあえ
14　鶏レバーのソース煮
15　ソーセージディップ
16　ゆで塩豚
18　リエット（豚肉と野菜の煮込みペースト）
20　鮭ふりかけ
21　ツナのマヨあえ
22　小あじの南蛮漬け
23　あじのなめろう
24　いわしのしょうが梅煮
25　かつおのしょうが煮
26　まぐろのポキ
27　いかの塩辛
28　じゃこ山椒
29　じゃこと青唐辛子のつくだ煮
30　たらこしらたき
31　魚卵の甘辛煮

【2章】野菜で

34　タラモサラダ
35　じゃがいもスープの素
36　にんじんのグラッセ
37　にんじんのマリネ
38　キャベツと油揚げの煮びたし
39　ザワークラウト（キャベツの酢漬け）
40　ブロッコリーのごま油ゆで
41　ブロッコリーのクリームソース
42　かぼちゃ煮
43　かぼちゃのペースト
44　なすの田舎煮
45　なすのごま煮
46　なすのタルタル
47　ピーマンのきんぴら
48　きゅうりのカリカリ
49　１本漬け／簡単みそ漬け／にんにく風味漬け
50　やたら
51　えのきのしょうゆ煮
52　たたきごぼう
53　きんぴらごぼう
54　れんこんの梅あえ
55　たたきれんこんのきんぴら
56　里いもの白煮
57　里いものしょうゆ煮
58　さつまいもの甘辛煮
59　さつまいものレモン煮
60　根菜のトマト煮
62　筑前煮
64　しもつかれ
65　大根とかぶのピクルス
66　大根葉炒め

67 白菜のコールスロー
68 枝豆のごま油あえ
69 コーンスープの素
70 いんげんのおかか煮
71 ゴーヤのしょうゆ漬け
72 揚げ野菜のマリネ
73 野菜の揚げびたし
74 ラタトゥイユ
76 ほうれんそうのおひたし
77 菜の花の皮の塩もみ
78 たけのこと実山椒の煮つけ
79 きゃらぶき
80 春野菜の炊き合わせ

【3章】乾物で

86 切り干し大根の煮もの
87 切り干し大根のハリハリ漬け
88 ひじきのペペロンチーノ
89 ひじきと玉ねぎの甘酢サラダ
90 ひじきの五目煮
92 マカロニサラダ
93 春雨サラダ
94 糸昆布と野菜のめんつゆ漬け
95 干ししいたけと昆布の煮もの

【4章】卵で

98 ゆで卵のしょうゆ漬け
99 ゆで卵のソース煮
100 黄身のしょうゆ漬け
101 黄身のみそ漬け

【5章】豆・大豆加工品などで

104 金時豆の甘煮
105 レンズ豆のスープ煮
106 チリコンカン
107 豆のマリネサラダ
108 高野豆腐の煮しめ
109 がんもの煮つけ
110 うの花
111 こんにゃくのみそ煮

【6章】たれ・ソース

116 しそみそ
117 バジルソース
118 サルサソース
119 タプナード
120 バーニャカウダ
121 ホワイトソース
122 めんつゆ／すし酢／マヨネーズ
124 ハーブバター／アンチョビバター
にんにくバター
125 フレンチドレッシング／しょうゆドレッシング
オーロラドレッシング

コラム

82 香味野菜でちょこっと常備菜
（しょうがのつくだ煮／みょうがの甘酢漬け／
みょうがのつくだ煮）
112 甘いもの
（カスタードクリーム／ブルーベリージャム）
126 常備菜について、気をつけたいこと

この本での約束ごと

◎1カップは200mℓ、大さじ1は15mℓ、小さじ1は5mℓです。◎「だし汁」は、昆布、かつお節、煮干しなどでとったものを使ってください。◎オリーブ油は「エキストラ・バージン・オリーブオイル」を使っています。◎材料は作りやすい分量です。「○人分」の表記は、「一度で食べると何人分か」の目安。4～5人分＝2～3人が2回くらいで食べきれる量です。

1章

肉・魚で

肉そぼろやしぐれ煮、煮込み料理、
刺身のヅケやマリネ、薬味あえ、いり煮など、
味つけはしっかりと濃いめにして、主菜になるように作りました。
ちょっと温め直すものもありますが、
冷蔵庫から出して、そのままごはんにのせて食べられるものばかり。
夫が夜遅く帰ってきて、ひとりごはんの時にも、
これさえあれば酒の肴にもなり、ごはんもすすみます。
最近は、娘と一緒に早寝する毎日。
せめて夫の好物をいくつか作っておこうと思うのです。

常備菜があれば… >>> 夕ごはん >>>

牛しぐれ煮（p.10）で牛丼に。
副菜はれんこんの梅あえ（p.54）と、
大根のみそ汁。

ひき肉のソース炒め

材料（4～5人分）

牛ひき肉（または合びき肉）…… 300g

A
- 中濃ソース …… 大さじ3
- しょうゆ …… 大さじ1

作り方

1　フライパンを何もひかずに熱し、ひき肉を中火で炒める。

2　肉の色が変わってポロポロにほぐれたら、Aを加え、汁けがなくなるまでさらに炒め合わせる。

メモ

冷めたら保存容器に入れて冷蔵保存し、日持ちは約1週間。ソースはトンカツ、ウスターなど好みのもので。辛めのウスターソースの場合は、ほんの少し砂糖を加えると、味がまろやかになります。温め直してごはんやトーストにのせたり、オムレツ、サンドイッチの具、サラダのトッピングに。

ひき肉と高菜の甘辛煮

材料（4～5人分）
豚ひき肉 …… 300g
高菜漬け …… 60g
A ｛ みそ …… 大さじ1 ½
　　酒 …… 大さじ2
　　砂糖 …… 大さじ1
　　しょうゆ …… 小さじ2
サラダ油 …… 小さじ1

作り方
1　高菜漬けは水に10～15分つけ、塩抜きをする。かじってみてほどよい塩けになったら、細かく刻む。
2　フライパンにサラダ油を熱し、ひき肉を中火で炒め、ポロポロにほぐれたら、水けを絞った1を加えて炒め合わせる。Aを加え、味をからめる。

メモ
冷めたら保存容器に入れて冷蔵保存し、日持ちは約5日。温め直してごはんにのせたり、ラーメンのトッピングにしたり。焼きそば、焼きうどん、チャーハン、野菜炒めなどの具にもします。

牛しぐれ煮

材料（5～6人分）
牛切り落とし肉 —— 500g
しょうが —— 大1かけ
A ｛しょうゆ、砂糖、酒 —— 各¼カップ
牛脂 —— 1かけ

作り方

1　牛肉は1～2cm幅に切る。しょうがは皮をむいてせん切りにする。

2　深めのフライパン（または鍋）に牛脂を入れて弱火にかけ、脂が溶けたら中火にして牛肉を炒める。肉の色が変わったら、しょうがとAを加え、汁けがほぼなくなるまで炒め煮にする。

メモ
冷めたら保存容器に入れて冷蔵保存し、日持ちは約1週間。温め直してごはんにのせたり、玉ねぎと煮込んで牛丼に。サンドイッチの具、卵とじ、炊き込みごはんの具、サラダのトッピング、うどんの具、カレーライス、クリーム煮などにもアレンジできます。

牛すじの塩煮

材料（5～6人分）
牛すじ肉 —— 500g
酒 —— 1 ½カップ
塩 —— 小さじ1

作り方

1　鍋に牛すじ肉とたっぷりの水を入れて中火にかけ、煮立ったらざるに上げ、水で洗ってアクなどを除く。

2　1の肉をやや大きめに切って鍋に入れ、酒とかぶるくらいの水を加えて煮立たせ、ふたをして弱めの中火で40～50分煮る（吹きこぼれるようならふたをずらし、煮汁が少なくなったら水を加え、常に肉が煮汁につかっているように）。

3　肉がとろりと煮上がったら、ふたをとって塩を加え、5分ほど煮る。

メモ
冷めたら煮汁ごと保存容器に入れて冷蔵保存し、日持ちは約1週間。塩味のほか、しょうゆと砂糖で甘辛く味つけしたり、みそ味にしたり、好みの味をつけてください。食べる時は、長ねぎの小口切りをたっぷりのせ、好みで七味をふっても。カレーライスの具にもいいです。

鶏ひき肉のみそ焼き

材料（4～5人分）
鶏ひき肉 —— 300g
玉ねぎ —— ½個
長ねぎ —— 10cm
みそ —— 大さじ2

作り方

1　玉ねぎと長ねぎは粗みじんに切り、その他の材料とともにボウルに入れ、手でよく練り混ぜる。

2　耐熱容器（20×15×深さ4cm）に1を入れて平らにならし、180℃に温めたオーブンで40～45分焼く。オーブンの中で冷まし、食べやすく切って容器から出す。

メモ
保存容器に入れて冷蔵保存し、日持ちは約1週間。みその味が辛めの時は、砂糖を少し混ぜます。しょうが、にんにくなどのみじん切りを加えて作ってもおいしいです。

鶏皮のゆずこしょうあえ

材料（3～4人分）

鶏皮 —— 200g

長ねぎ（小口切り）—— 7～8cm

A ｛ ポン酢しょうゆ —— 大さじ2～3
　　ゆずこしょう —— 適量

作り方

1　鍋に鶏皮とたっぷりの水を入れて強火にかけ、煮立ったら中火にし、アクをとりながら20分ほどゆでる。

2　鶏皮だけを引き上げ、触れるくらいに冷めたら細切りにし、長ねぎとAを加えてあえる。ゆで汁は鶏のスープとして使えるので、別の容器で保存して。

メモ

冷めたら鶏皮とゆで汁をそれぞれ保存容器に入れて冷蔵保存し、日持ちはどちらも約5日。ゆで汁に脂がたくさん浮くようなら、脂を除くか、キッチンペーパーなどでこします。ゆで汁はうどんやラーメン、にゅうめん、ワンタン、鍋もののスープとして使います。

鶏レバーのソース煮

材料（4～5人分）

鶏レバー —— 300g

しょうが —— ½かけ

酒 —— 大さじ2

A ｛ 中濃ソース（またはウスターソース）—— 大さじ3

砂糖、酢 —— 各大さじ1

作り方

1　レバーは流水で洗い、ひと口大に切り、冷水に10分ほどつけて血合いや汚れを除く。しょうがは皮つきのまま薄切りにする。

2　熱湯に酒を加え、1のレバーをさっとゆでてざるに上げる。

3　鍋に水½カップ、A、しょうがを入れて煮立たせ、2を加えて5分ほど煮る。そのまま冷まして味をなじませる。

メモ

煮汁ごと保存容器に入れて冷蔵保存し、日持ちは約5日。ごはんのおかずに、酒の肴に、しょうがのせん切りをたっぷりのせて。この煮汁でゆで卵を一緒に煮ても美味。

ソーセージディップ

材料（4～5人分）
ウインナソーセージ ―― 200g
卵黄 ―― 1個分
パン粉 ―― 大さじ2
生クリーム ―― ½～1カップ

作り方
1　ソーセージは1cm幅に切り、卵黄、パン粉、生クリームの半量とともにフードプロセッサーに入れて回す。
2　ざっと混ざったら、残りの生クリームを少しずつ加えながら、なめらかになるまでさらにフードプロセッサーで回す。

メモ
保存容器に入れて冷蔵保存し、日持ちは2～3日。ソーセージは、加熱しなくても食べられるものを使います。ロールパンにきゅうりの薄切りとともにはさんで、娘のおやつに。スティック野菜につけてもおいしいし、長ねぎやにんにくなどの香味野菜、パセリなどのハーブを入れても作ります。生の卵黄が入るので、なるべく早めに食べきって。

ゆで塩豚

材料（5 ～ 6 人分）
豚肩ロースかたまり肉 —— 300g
豚バラかたまり肉 —— 300g
塩 —— 大さじ 2
酒 —— 適量

作り方
1　豚肉はそれぞれ全体に塩をまぶし（a）、ラップでしっかり包んで冷蔵室で 3 ～ 4 日寝かせる。
2　鍋に1、肉の$\frac{1}{3}$くらいまでの酒、かぶるくらいの水を入れて中火にかけ、煮立ったら弱めの中火にし、アクをとりながら 30 ～ 40 分ゆでる（b）。ゆで汁の中で冷まし、冷めて表面に白い脂（ラード）が固まったら、ていねいに除く。

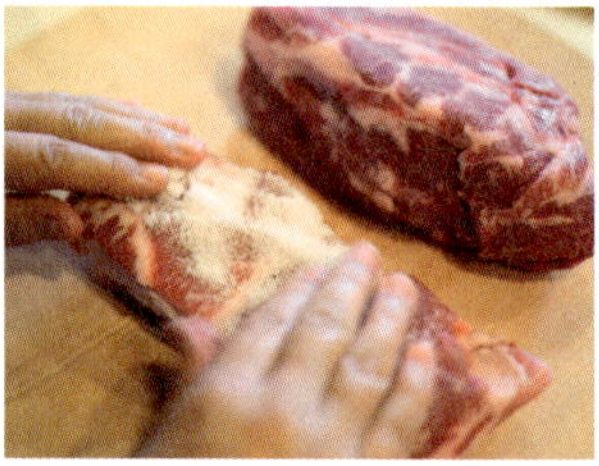
(a)

(b)

メモ
ゆで汁ごと保存容器に入れて冷蔵保存し、日持ちは約 1 週間。ラードは野菜炒めやチャーハンに使うと、コクが出ます。豚肉は生野菜と一緒に盛りつけ、しょうがのせん切りや「にんにくじょうゆ」のにんにく（p.26 参照）、青じそと一緒に食べたり、キムチと合わせたりします。サンドイッチや炒めものの具にもできます。ゆで汁も使って、うどんやにゅうめん、スープやカレーも作ります。

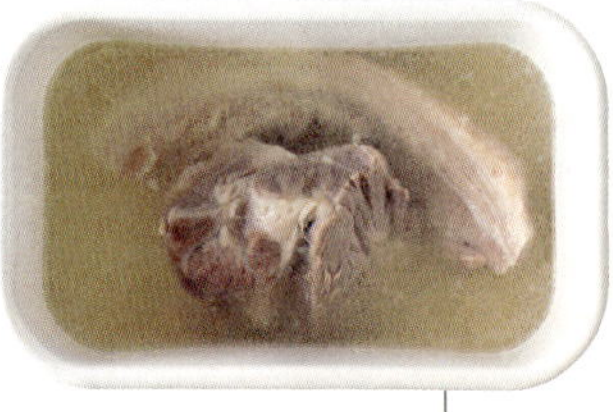

ゆで塩豚うどん

材料と作り方（1人分）

① 鍋に塩豚のゆで汁2カップを入れて温め、塩少々で味を調える。

② ゆでうどん1玉を加えて温め、器に盛る。スライスした塩豚4～5枚、長ねぎの小口切り少々をのせる。

リエット（豚肉と野菜の煮込みペースト）

材料（7～8人分）

豚バラかたまり肉 —— 200g

豚肩ロースかたまり肉 —— 200g

玉ねぎ —— 1個

にんじん —— 1本

にんにく —— 3～4かけ

ローリエ —— 5～6枚

白ワイン —— 約1本（750mℓ）

塩 —— 小さじ1～2

(a)

(b)

作り方

1　豚肉はそれぞれひと口大に切る。玉ねぎはひと口大、にんじんは皮をむいて薄切りにする。

2　大きめのボウルに1、にんにく、ローリエを入れ、白ワインをひたひたに注ぎ（a）、ラップをかけて冷蔵室でひと晩（約8時間）寝かせる。

3　2を室温に戻して肉の脂をやわらかくし、汁ごと鍋に入れて火にかけ、煮立ったらふたをして弱火～中火で2時間ほど煮込む。

4　煮汁がほぼなくなり、肉がとろとろに煮えたらローリエを除き、熱いうちに全体をフォークでつぶす（b）。塩で味を調えて保存容器に入れ、完全に冷めたら冷蔵室で1～2時間寝かせ、脂が白く固まったらでき上がり。

メモ

冷蔵保存し、日持ちは約1週間。リエットは、フランスの伝統的な保存食。とあるフレンチレストランで食べて以来、やみつきになった味です。肉と野菜は冷めるとつぶしにくくなるので、熱いうちにつぶします。そのままバゲットやトーストなどにつけたり、スティック野菜やゆで卵にのせて食べることも。オムレツやコロッケの具などにもします。

リエットのっけごはん

材料と作り方（2人分）

①　アツアツのごはんを茶碗に盛り、リエットを大さじ2ずつのせ、しょうゆをほんの少したらす。熱いごはんにのせるとほどよく脂が溶けて、これまた美味。

鮭ふりかけ

材料（5～6人分）
塩鮭の切り身 —— 4枚
薄口しょうゆ、酒、みりん —— 各少々

作り方
1　鮭は魚焼きグリルで両面をこんがりと焼き、皮と骨を除く。
2　フードプロセッサーに1を入れ、細かくなるまで回す。調味料を加え、味を調える。

メモ
冷めたら保存容器に入れて冷蔵保存し、日持ちは約10日。アツアツのごはん茶碗1杯分に大さじ2を混ぜれば、鮭ごはんに。おむすびやお茶漬けの具にもいいです。マヨネーズとあえてパンにのせたり、はさんだり、クラッカーにのせても。ポテトサラダに入れたり、卵焼きの具などにも合います。

ツナのマヨあえ

材料（4～5人分）
ツナ缶 ―― 大1缶（175g）
しょうゆ、砂糖 ―― 各小さじ1
マヨネーズ ―― 大さじ2～3

作り方
1　ツナは缶汁ごとフライパンに入れ、弱めの中火で汁けがなくなるまで炒める。
2　しょうゆと砂糖を加えてひと炒めし、粗熱がとれたらマヨネーズを混ぜる。

メモ
冷めたら保存容器に入れて冷蔵保存し、日持ちは約1週間。アツアツのごはんをおむすびにし、大さじ1ずつのせます。ごはんにのせるだけでもいいし、巻きずしの具にも。酢めしにもよく合います。パンにのせたり、クラッカーにのせたり、はさんだり。野菜スティックや温野菜、ゆで卵につけてもいいし、ポテトサラダ、マカロニサラダやコロッケの具などにしてもおいしい。

小あじの南蛮漬け

材料（4～5人分）

小あじ —— 20尾（400g）

玉ねぎ —— 1個

A
- 酢 —— ¼カップ
- 砂糖 —— 大さじ3
- しょうゆ —— 小さじ1
- 塩 —— 小さじ¼
- 赤唐辛子（小口切り）—— 1本

片栗粉、揚げ油 —— 各適量

作り方

1　玉ねぎは横に薄切りにし、バットなどに広げておく。Aは混ぜておく。

2　あじは腹ワタを除き、流水できれいに洗って水けをしっかりふき、片栗粉を全体に薄くまぶす。

3　中温（170℃）の揚げ油に2を入れてカラリと揚げ、熱いうちに1の玉ねぎの上にのせる。Aを回しかけて10分ほどおき、上下を返して全体を軽く混ぜる。

メモ

冷めたら保存容器に入れて冷蔵保存し、日持ちは約4日。バゲットなど、かためのパンにはさんで食べてもおいしいです。

あじのなめろう

材料（3～4人分）

あじ（三枚におろしたもの）―― 3尾分（300g）

A
- 青じそ ―― 10枚
- 長ねぎ ―― 5～6cm
- しょうが ―― 1かけ
- ししとう ―― 4本
- みょうが ―― 1個

みそ ―― 大さじ2

しょうゆ ―― 少々

作り方

1　あじは骨を除き、皮をむいて細切りにする。Aはすべて粗みじんに切る。

2　1のあじとAを合わせ、包丁でたたくようにしながら切り混ぜる。調味料を加えてさらにたたき、ねっとりしたらでき上がり。

メモ

保存容器に入れて冷蔵保存し、日持ちは2～3日。そのままごはんにのせて食べたり、酒の肴に。小判形にまとめて、油をひいたフライパンで焼いたり、アルミホイルに薄くのばして、魚焼きグリルで焼いたり。片栗粉を少し混ぜてから団子状に丸め、汁ものに入れたりします。

いわしのしょうが梅煮

材料（4～5人分）
いわし —— 小ぶりのもの20尾（400g）
しょうが —— 2かけ
昆布 —— 5cm角2枚
梅干し —— 2個
A ｛ 酢 —— 大さじ3～4
　 砂糖 —— 大さじ3
　 しょうゆ —— 大さじ2

作り方

1　いわしは頭と腹ワタ、背びれを除き、流水で洗って水けをふく。しょうがは皮をむいてせん切りにする。

2　鍋（またはフライパン）に水½カップ、ふきんでふいた昆布、Aを入れて煮立たせる。いわしを並べ、再び煮立ったらしょうが、梅干しを軽くつぶして入れ、紙の落としぶた（オーブンシートを丸く切ったもの）をして弱めの中火で10分ほど煮る。

3　煮汁がとろりとしたら火を止め、そのまま冷まして味をなじませる。

メモ
保存容器に入れて冷蔵保存し、日持ちは約1週間。大根おろしを添えて食べてもおいしい。

かつおのしょうが煮

材料（4～5人分）

かつおの刺身 —— 1さく（200g）

しょうが —— 1かけ

塩 —— 小さじ½

A ｛ しょうゆ —— ¼カップ
　 ｛ みりん、酒 —— 各大さじ2

作り方

1　かつおは2～3cm角に切り、塩をふって10分ほどおく。しょうがは皮つきのまま薄切りにする。

2　熱湯で1のかつおをさっとゆで、冷水にとって洗い、水けをきる。

3　小鍋にAとしょうがを入れて煮立たせ、2を加えて汁けがなくなるまで弱めの中火で煮る。

メモ

冷めたら保存容器に入れて冷蔵保存し、日持ちは約1週間。でき上がりは驚くほど量が少なくなりますが、味がしっかりついているので、1かけでごはんが1杯食べられるほど。夏の冷や茶漬けの具にもおすすめです。

まぐろのポキ

材料（4～5人分）

まぐろの刺身 —— 1さく（200g）

玉ねぎ —— ½個

「にんにくじょうゆ」のにんにく
（またはにんにく）—— 1かけ

A ｛「にんにくじょうゆ」（またはしょうゆ）、みりん —— 各大さじ2
ごま油 —— 大さじ1

作り方

1　まぐろはひと口大に切り、玉ねぎとにんにくは薄切りにする。

2　ボウルにAと1を入れてあえ、30分ほど漬ける。

メモ

保存容器に入れて冷蔵保存し、日持ちは2～3日。にんにくじょうゆは、薄皮をむいたにんにく数かけをびんに入れ、しょうゆを注ぐだけの常備調味料。ドレッシングや炒めものの味つけに、とても便利です。「ポキ」は、ハワイの郷土食。わかめなどと合わせたり、生野菜を合わせてサラダ風にしたりします。

にんにくじょうゆ

いかの塩辛

材料（4～5人分）

するめいか —— 1ぱい

塩 —— 小さじ1

作り方

1　いかは足とワタをそっと引き抜き（ワタを傷つけないように）、軟骨を除く。ワタの墨袋を破らないようにそっとはずし、足を切り離す（足は別の料理に使って）。

2　いかの胴とエンペラは皮をむき、4～5cm長さの細切りにする。

3　保存容器にワタの中身を絞り出し、2、塩を加えて混ぜ、冷蔵室にひと晩おいて味をなじませる。

メモ

冷蔵保存し、日持ちは約3日。いかは必ず鮮度のいいものを用意しましょう。新鮮なワタは、プリッと張りがあります。ゆずの皮のせん切りを散らすと、香りのいい塩辛に。蒸したじゃがいもにのせたり、さっと炒めて食べても美味。足はバターじょうゆでさっと炒めたり、網焼きにして、塩と七味をふって食べます。

じゃこ山椒

材料（4～5人分）

ちりめんじゃこ（またはしらす干し）
—— 1カップ

市販の実山椒のつくだ煮
（またはしょうゆ漬けなど）—— 大さじ1～2

薄口しょうゆ、酒、みりん —— 各少々

作り方

1　鍋にじゃこと実山椒を入れ、弱めの中火で絶えず混ぜながらいりつける。

2　じゃこがカリカリになったら、調味料で味を調える。

メモ

冷めたら保存容器に入れて冷蔵保存し、日持ちは約1週間。ごはんにのせて、すし飯と合わせて混ぜずしに、お茶漬けの具、豆腐にのせて、サラダのトッピングなどに。うちでは、生の実山椒にしょうゆを合わせたしょうゆ漬けを毎年作っているので、いつでもこのじゃこ山椒がささっと作れて便利です。市販のものは味が濃いので、必ず味見をしてから味つけを。

じゃこと青唐辛子のつくだ煮

材料（4～5人分）
ちりめんじゃこ —— 1カップ
青唐辛子 —— 1～2本
ししとう —— 6～8本
A ｛ だし汁 —— ¼カップ
酒 —— 大さじ2
しょうゆ、みりん —— 各大さじ1
サラダ油 —— 小さじ1

作り方

1　青唐辛子はヘタと種を除き、小口切りにする。ししとうはヘタを短く切る。

2　鍋にサラダ油、じゃこ、1を入れて中火にかけ、全体に油がなじむまで炒め合わせる。Aを加え、汁けがなくなるまで炒め煮にする。

メモ

冷めたら保存容器に入れて冷蔵保存し、日持ちは約1週間。青唐辛子とししとうのミックスにしましたが、割合はお好みで。辛いのが苦手ならししとうだけ、辛みがやさしい青唐辛子が手に入れば、青唐辛子だけでも。うちでは実家の母が畑で作っている、辛みのやさしい青唐辛子で作ります。

たらこしらたき

材料（4～5人分）

たらこ —— 大1腹（2本・120g）

しらたき —— 1袋（200g）

薄口しょうゆ、みりん —— 各少々

作り方

1　たらこは1cm幅に切る。しらたきは熱湯でさっとゆで、食べやすく切る。

2　鍋にしらたきを入れ、弱めの中火でからいりする。水けが飛んだら、たらこを加えていりつけ、たらこが全体にからんだら、調味料で味を調える。

メモ

冷めたら保存容器に入れて冷蔵保存し、日持ちは約5日。たらこの薄皮が気になるようなら、あらかじめ皮をはずして作ります。

魚卵の甘辛煮

材料（4～5人分）

魚卵（たら、たいなどの卵巣）—— 250g

A ｛ 酒 —— 大さじ2
薄口しょうゆ、砂糖、みりん
—— 各大さじ1

作り方

1　魚卵は塩少々（分量外）を加えた水でさっと洗い、キッチンペーパーにのせて水けをきり、2～3cm幅に切る。

2　鍋に水1カップとAを入れて煮立たせ、1を加えて弱めの中火で5分ほど煮る。そのまま冷まして味をなじませる。

メモ

煮汁ごと保存容器に入れて冷蔵保存し、日持ちは約5日。まぐろ、かつお、いかの卵巣などでも作ります。あじをさばいた時、小さな卵が出てきたので、煮てみたら美味だったことがあります。ただ小さくて、ティースプーンにのる程度の量でしたけれど。

2章

野菜で

野菜を直売所で買い求めるようになってから、
うちの野菜常備菜が一気に増えました。
というのも、新鮮かつ安い。そして、ひと山ひと袋の量が多い。
ついつい欲張って買ったのはいいけれど、
その日のうちに食べきれず、
煮たり炒めたりして、保存しながら食べるようになったのです。
家族が全員野菜好き、というのもあります。
主菜に肉や魚がなくとも、甘辛かったり、
だしの味がしみている野菜のおかずだけでも、
ごはんがもりもり食べられます。

常備菜があれば… >>> 朝ごはん >>>

トーストにはブルーベリージャム（p.113）を添えて。
かぼちゃのペースト（p.43）をポタージュスープにし、
グリーンサラダには
フレンチドレッシング（p.125）をかけて。

タラモサラダ

材料（4～5人分）
じゃがいも —— 4個（400g）
たらこ —— 大1腹（2本・120g）
生クリーム —— ½カップ
塩 —— 少々

作り方
1　じゃがいもは皮ごと水からゆで、竹串がすっと通るくらいやわらかくなったら、熱いうちに皮をむいてつぶす。
2　たらこは1cm幅に切る。
3　ボウルに1と2を合わせ、生クリームを少しずつ加えてなめらかに混ぜる。塩で味を調える。

メモ
冷めたら保存容器に入れて冷蔵保存し、日持ちは約3日。そのまま肉料理や魚料理のつけ合わせにしたり、パンにつけたり、はさんだり。にんにくのすりおろしやケッパーを加えると、お酒の肴にもぴったりです。

じゃがいもスープの素

材料（4人分＝3 ½カップ）
じゃがいも……4個（400g）
玉ねぎ……½個
塩……小さじ¼
バター……大さじ2

作り方

1　じゃがいもは皮をむいて薄切りに、玉ねぎも薄切りにする。

2　フライパンにバターを溶かし、玉ねぎを中火で炒め、しんなりしたらじゃがいもを加えてさっと炒め合わせる。ひたひたの水を加え、やわらかくなるまで煮る。

3　粗熱がとれたらミキサー（またはフードプロセッサー）にかけてピューレ状にし、塩で薄めに味をつける。

メモ

冷めたら保存容器に入れて冷蔵保存し、日持ちは約3日。スープにするなら、スープの素3/4カップ、牛乳1/2カップが1人分の目安で、濃度は牛乳で少しずつのばしながら加減して。塩少々で味を調え、青ねぎの小口切り少々を散らします。冷蔵室に入れるとかためになるので、パンにはさんだりも。これを火にかけてバターを追加し、少しの牛乳でのばせば、マッシュポテトにもなります。

にんじんのグラッセ

材料（3～4人分）

にんじん――2本

A ｛ バター――大さじ2
砂糖――小さじ2
塩――少々

作り方

1　にんじんは皮をむいて1cm厚さの輪切りにし、面取り（角を薄くそぎとること）をする。

2　鍋に1、A、ひたひたの水を入れて中火にかけ、煮立ったら弱めの中火にし、にんじんがやわらかくなって汁けがなくなるまで煮る。

メモ

冷めたら保存容器に入れて冷蔵保存し、日持ちは約5日。煮汁がなくなる頃には、にんじんはほぼやわらかくなりますが、かための場合は水を少量加えて。煮汁が少なくなってきたら、鍋を揺すってこげないように注意します。つけ合わせに、お弁当のすきま埋めに、フードプロセッサーにかけて牛乳と合わせ、スープにしたりもします。

にんじんのマリネ

材料（5 ～ 6 人分）
にんじん —— 3 本
レーズン —— 大さじ 2
塩 —— 小さじ½
フレンチドレッシング（p.125 参照）
—— ¼カップ

作り方

1　にんじんは皮をむいて 4 ～ 5cm 長さのせん切りにし、塩をまぶしてしんなりするまでおく。レーズンは粗く刻む。

2　ボウルに水けを絞ったにんじん、レーズン、ドレッシングを入れて混ぜ、30 分ほどなじませる。

メモ
保存容器に入れて冷蔵保存し、日持ちは約 5 日。パンにのせたり、はさんだり。鶏肉や魚のから揚げのつけ合わせにしても、おいしいです。

キャベツと油揚げの煮びたし

材料（3～4人分）

キャベツ —— ¼個

油揚げ —— 1枚

A ｛ だし汁 —— 2カップ

　　薄口しょうゆ —— 小さじ2

　　塩 —— 小さじ1

作り方

1　キャベツと油揚げはひと口大に切る。

2　鍋にAを入れて煮立たせ、1を加えて中火で7～8分煮る。そのまま冷まして味をなじませる。

メモ

煮汁ごと保存容器に入れて冷蔵保存し、日持ちは約3日。しょうがのせん切りをのせて食べると、やわらかな味がキリッとしまります。煮汁に梅干しを加えてもおいしい。

ザワークラウト（キャベツの酢漬け）

材料（5～6人分）

キャベツ —— ½個

塩 —— 小さじ1

A ｛ 酢 —— ½カップ

　　砂糖 —— 大さじ2～3

　　固形スープの素 —— ½個

あればフェンネルシード

（またはクミンシード、ローリエ） —— 少々

作り方

1　キャベツは細切りにし、塩をまぶしてしんなりするまでおく。

2　鍋に1カップの湯を沸かし、Aを加えて煮溶かす。温かいうちに保存容器にフェンネルとともに入れ、1の水けをしっかり絞って加え、20分ほど漬ける。

メモ

冷めたら漬け汁ごと冷蔵保存し、日持ちは約5日。スパイスやハーブはお好みですが、ほんの少し入れるだけで、キャベツのうまみがぐっと増します。漬け汁にキャベツを加えてさっと火を通すと、キャベツのやわらかさが引き立って、これまたおいしい。

ブロッコリーのごま油ゆで

材料（3～4人分）
ブロッコリー —— 1株
塩 —— 小さじ1
ごま油 —— 大さじ1

作り方
1　ブロッコリーは小房に分け、茎も皮をむいてひと口大に切る。
2　熱湯に塩を加え、1の茎→房の順にゆでる。ゆで上がりにごま油を全体に回しかけ、ざるに上げて冷ます。

メモ
保存容器に入れて冷蔵保存し、日持ちは約3日。このほかゆで野菜は、ごま油でコーティングしておくと、ゆでたてはもちろん、冷蔵室に入れても、野菜の青臭さとごま油の香りがほどよく残っておいしいです。

ブロッコリーのクリームソース

材料（４～５人分）
ブロッコリー —— １株
玉ねぎ（みじん切り）—— ½個
にんにく（みじん切り）—— １かけ
生クリーム —— ½～１カップ
塩 —— 小さじ¼～½
オリーブ油 —— 大さじ３

作り方
1　ブロッコリーは小房に分け、茎も皮をむいてひと口大に切る。塩少々（分量外）を加えた熱湯でくずれるほどやわらかくゆで、湯をきってフォークで細かくつぶす。
2　鍋（または深めのフライパン）にオリーブ油、にんにくを入れて弱めの中火にかけ、香りが出たら玉ねぎを加え、透き通ってきたら1を加えてひと炒めする。生クリームを注いでとろみが出るまで煮、塩で味を調える。

メモ
冷めたら保存容器に入れて冷蔵保存し、日持ちは約５日。スパゲッティ（１人分 80g）をゆで、ブロッコリーのクリームソース 1/4 カップを加えてあえ、塩で味を調えたら、クリームソース適量をのせて盛りつけます。このほか、ゆでたじゃがいもにからめたり、パンにつけたりしても。

かぼちゃ煮

材料（2～3人分）

かぼちゃ —— ¼個

A ｛ 砂糖 —— 小さじ2
　　 塩 —— 小さじ¼

作り方

1　かぼちゃは種とワタを除き、ひと口大に切って面取り（角を薄くそぎとること）をする。

2　鍋に1、A、かぶるくらいの水を入れて中火にかけ、煮立ったら弱火にし、竹串がすっと通るくらいやわらかくなるまで煮る。そのまま冷まして味をなじませる。

メモ

保存容器に入れて冷蔵保存し、日持ちは約3日。温め直して、バターをのせて食べるのも好きです。軽くつぶしてレーズン、クリームチーズ、マヨネーズであえてサラダにしても美味。娘の離乳食の時によく作りました。

かぼちゃのペースト

材料（2〜3人分＝3 ½カップ）
かぼちゃ —— ¼個
玉ねぎ —— 1個
バター —— 大さじ2

作り方
1　かぼちゃは種とワタを除き、皮をところどころむいてひと口大の薄切りにする。玉ねぎも薄切りにする。
2　鍋にバターを溶かし、玉ねぎを中火で炒め、透き通ってきたらかぼちゃを加えてひと炒めする。ひたひたの水を加え、かぼちゃがやわらかくなるまで煮る。
3　粗熱がとれたらミキサー（またはフードプロセッサー）にかけてピューレ状にする。

メモ
冷めたら保存容器に入れて冷蔵保存し、日持ちは約5日。トーストによく合って、これと塩けがきいたソーセージディップ（p.15）を塗って食べるのが好き。牛乳や豆乳でのばしてスープにしたり、日がたつとかたくなるので、丸めてコロッケにしたりします。

なすの田舎煮

材料（3～4人分）

なす …… 5本

A
- 砂糖 …… 大さじ1
- しょうゆ …… 大さじ2

ごま油 …… 大さじ1 ½

作り方

1　なすはヘタにくるりと1周切り目を入れ、ヘタのとがった部分を除く。縦半分に切り、斜めに切り目を入れて長さを半分に切り、水に5分ほどさらす。

2　鍋にごま油を熱し、水けをきった1を中火で炒める。全体に油がなじんだら、A、ひたひたの水を加え、落としぶたをして弱めの中火で汁けがなくなるまで煮る。そのまま冷まして味をなじませる。

メモ

保存容器に入れて冷蔵保存し、日持ちは約3日。赤唐辛子の小口切りを一緒に煮ても。ちりめんじゃこ、大根おろしをのせて食べてもおいしいです。

なすのごま煮

材料（3～4人分）

なす —— 5本

だし汁 —— 適量

A しょうゆ —— 大さじ1½～2

　みりん —— 大さじ1

白練りごま、白すりごま —— 各大さじ1

作り方

1　なすはヘタを落とし、皮をしましまにむいて2cm幅の輪切りにし、水に5分ほどさらす。

2　鍋に1、A、ひたひたのだし汁を入れて強めの中火にかけ、煮立ったら中火にし、落としぶたをして煮る。

3　煮汁が⅓量くらいになったら、練りごま、すりごまを加え、煮汁にとろみが出て、全体にごまがからんだらでき上がり。

メモ

冷めたら保存容器に入れて冷蔵保存し、日持ちは約3日。めんつゆ（p.122）で煮てから、ごまをからめてもいいです。

なすのタルタル

材料（3～4人分）
なす —— 5本
ケッパー —— 大さじ2
にんにく —— ½かけ
A オリーブ油 —— 小さじ1～2
　塩 —— 小さじ½
揚げ油 —— 適量

作り方

1　なすはヘタを落として縦半分に切り、切り口側に深めに格子状の切り目を入れ、水に5分ほどさらす。ケッパーは粗く刻み、にんにくはすりおろす。

2　高温（180℃）の揚げ油に水けをふいたなすを入れ、カラッと色よく揚げる。

3　2の油をきって中身だけをスプーンでこそげとり、包丁で軽くたたく。ケッパー、にんにく、Aを加え、ペースト状になるまでさらにたたく。

メモ

冷めたら保存容器に入れて冷蔵保存し、日持ちは約3日。酒の肴にする時は、粗びき黒こしょうをふってクラッカーを添えます。このほかパンやバゲットにつけたり、パスタとあえたり、ソテーした肉や魚のソースにしたりもします。

ピーマンのきんぴら

材料（4～5人分）
ピーマン―― 10個
塩―― 小さじ¼
しょうゆ、みりん―― 各大さじ1
サラダ油―― 大さじ1

作り方
1　ピーマンはヘタと種を除き、縦に細切りにする。
2　フライパンにサラダ油を熱し、ピーマンを入れて塩をふり、中火で炒める。ややしんなりしたら、しょうゆとみりんで味つけする。

メモ

冷めたら保存容器に入れて冷蔵保存し、日持ちは約3日。黒いりごまや削り節、七味唐辛子をふっていただきます。めんつゆ（p.122）、中濃やウスターなどのソースで味つけしても。

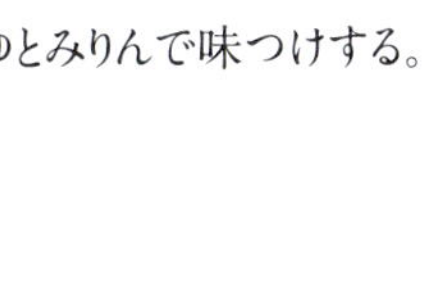

きゅうりのカリカリ

材料（7～8人分）
きゅうり —— 8本
酢、砂糖、しょうゆ —— 各$\frac{1}{3}$カップ

作り方
1　きゅうりは2cm幅の斜め切りにする。
2　薄手の鍋に調味料を入れて中火で煮立たせ、1を加えて再び煮立ったら火からおろし、鍋の底を冷水につけて冷ます。
3　粗熱がとれたら再び中火にかけ、煮立ったら冷水につけて冷ます。これを4～5回くり返して、きゅうりの皮がしわしわになり、しょうゆの色がしっかりついたらでき上がり。冷蔵室でしっかり冷やして食べる。

メモ
煮汁ごと保存容器に入れて冷蔵保存し、日持ちは約5日。辛みがほしい時は、赤唐辛子の小口切りまたは1本のままを加えて作ります。

1本漬け

材料（4～5人分）
きゅうり —— 5本
粗塩 —— 小さじ2～2½
昆布 —— 5cm角2～3枚

作り方
きゅうりは両端を切り落とし、皮をしましまにむく。塩をまぶして昆布とともにポリ袋に入れ、空気を抜いて口をしばり、ひと晩漬ける。
日持ちは約3日。

簡単みそ漬け

材料（2～3人分）
きゅうり —— 2本
塩 —— 小さじ½
A ｛ みそ、砂糖、みりん —— 各大さじ1

作り方
きゅうりは両端を切り落とし、厚みの半分まで全体に斜めに切り目を入れ、裏返して同様に斜めに切り目を入れる（蛇腹切り）。塩をまぶし、しんなりしたら3cm幅に切って水けを絞り、Aであえて30分ほど漬ける。
日持ちは約3日。

にんにく風味漬け

材料（4～5人分）
きゅうり —— 5本
塩 —— 小さじ1
A ｛
ナンプラー —— 大さじ3
砂糖 —— 大さじ1
にんにく（薄切り） —— 1かけ
青唐辛子（小口切り） —— 1本
水 —— 1カップ

作り方
きゅうりは塩をまぶして板ずり（まな板の上でごろごろ転がすこと）し、10分ほどおく。めん棒などでたたいてひびを入れ、3～4cm長さに切り、保存容器に入れてAを注ぎ、半日ほど漬ける。
日持ちは約5日。

やたら

材料（4～5人分）
なす —— 1本
きゅうり —— 1本
オクラ —— 3本
えのきだけ —— 小1袋
野菜の古漬け（または奈良漬け、たくあんなど）
—— 150g
みょうが —— 1個
青唐辛子 —— 1本
塩 —— 小さじ1/2

作り方
1　なすときゅうりはヘタを落として5mm角に切り、なすは5分ほど水にさらす。それぞれ塩小さじ1/4をふり、しっとりするまでおく。
2　オクラとえのきは熱湯でさっとゆで、5mm角に切る。古漬けも同様に切る。みょうがと青唐辛子はみじん切りにする。
3　1の水けをしっかり絞り、2を加えてさっくりと混ぜる。

メモ
保存容器に入れて冷蔵保存し、日持ちは約2日。これは、両親が住む北信州の郷土料理。夏野菜をやたらと入れて作るから、この名がついたと聞きました。味のポイントは古漬け。濃いめの味が、夏野菜にしみておいしくなります。隠し味はオクラとえのきのネバネバ。野菜全体をまとめてくれます。ゆでたそうめんにやたら1/2カップをのせ、めんつゆ（ストレート）1/4カップをはっていただきます。

えのきのしょうゆ煮

材料（4～5人分）

えのきだけ —— 小2袋

A ｛ しょうゆ、酒 —— 各¼カップ
　　砂糖、みりん —— 各大さじ1

作り方

1　えのきは根元を切り落とし、食べやすくほぐす。

2　鍋に1とAを入れて中火にかけ、煮立ったら弱めの中火にし、汁けがなくなるまで煮る。

メモ

冷めたらびんなどに入れて冷蔵保存し、日持ちは約1週間。食べる時に七味唐辛子をふります。ほかのきのこや、きのこをいろいろミックスしても作ります。めんつゆ（p.122）で煮つけてもよし。刻んで炊き込みごはんや、混ぜごはんの具としても重宝します。

たたきごぼう

材料（4～5人分）

ごぼう —— 細め2本（200g）

A
- だし汁 —— ½カップ
- しょうゆ —— 大さじ2
- 酢 —— 大さじ1
- 砂糖 —— 小さじ2

白いりごま —— 大さじ1

酢、塩 —— 各少々

作り方

1　ごぼうはよく洗って皮つきのまま4cm長さに切り、酢と塩を加えた熱湯でやわらかくなるまで7～8分ゆで、ざるに上げて冷ます。

2　1をめん棒などで軽くたたいてひびを入れ、合わせたA、白ごまと混ぜ、半日ほどなじませる。

メモ

保存容器に入れて冷蔵保存し、日持ちは約5日。細いごぼうのほうが、味がしみやすくておすすめです。

きんぴらごぼう

材料（4～5人分）

ごぼう —— 2本（400g）

A ｛ しょうゆ —— 大さじ3
　　 酒、砂糖 —— 各大さじ1½～2

ごま油 —— 大さじ1½

作り方

1　ごぼうはよく洗って皮つきのまま4cm長さのせん切りにし、水に5分ほどさらす。

2　鍋（または深めのフライパン）にごま油を熱し、水けをきった1を中火で炒める。しんなりしたらAを加え、汁けがなくなるまで炒め合わせる。

メモ

冷めたら保存容器に入れて冷蔵保存し、日持ちは約1週間。きんぴらのように香りのいいものがいつも食卓にあると、ごはんがすすみます。

れんこんの梅あえ

材料（4～5人分）
れんこん —— 1節（250g）
梅干し —— 2個
みりん —— 小さじ2
酢、塩 —— 各少々

作り方
1　れんこんは皮をむいて薄い半月切りにし、酢水に10分ほどさらす。塩を加えた熱湯でさっとゆで、ざるに上げる。
2　ボウルに種を除いてたたいた梅干し、みりんを合わせ、1を加えてあえる。

メモ
冷めたら保存容器に入れて冷蔵保存し、日持ちは約3日。このほか、すし酢（p.122）やフレンチドレッシング（p.125）であえることもあります。

たたきれんこんのきんぴら

材料（4～5人分）

れんこん──1節（250g）

A
- しょうゆ──大さじ3
- 砂糖──大さじ2
- みりん──大さじ1

白いりごま──大さじ1

ごま油──大さじ1

作り方

1　れんこんは皮をむいて縦2～4等分に切り、めん棒などでたたいてひと口大に割る。

2　鍋（または深めのフライパン）にごま油を熱し、1を中火で炒める。全体に油がなじんで表面が少し透き通ってきたら、Aを加えて炒め煮にし、白ごまを加えてひと混ぜする。

メモ

冷めたら保存容器に入れて冷蔵保存し、日持ちは約5日。れんこんは大きめに切ると、繊維質な口あたりがしっかり味わえます。薄切りや乱切りなど、切り方は好みで。めんつゆ（p.122）で味つけしてもいいです。

里いもの白煮

材料（5～6人分）
里いも — 12個
昆布 — 10cm角1枚
塩 — 小さじ1

作り方
1 里いもは皮をむき、水に10分ほどさらす。
2 鍋に1、昆布、かぶるくらいの水を入れて中火にかけ、煮立ったら弱めの中火にし、落としぶたをして竹串がすっと通るくらいやわらかくなるまで15～20分煮る。
3 昆布を除き、塩を加えてひと煮し、そのまま冷まして味をなじませる。

メモ
煮汁ごと保存容器に入れて冷蔵保存し、日持ちは約3日。食べる時に、ゆずの皮や木の芽をあしらいます。汁けをきって片栗粉をまぶし、油で揚げてもおいしい。

里いものしょうゆ煮

材料（5～6人分）

里いも —— 12個

塩 —— 小さじ2

A
- だし汁 —— 2カップ
- しょうゆ —— 大さじ3
- 砂糖、みりん —— 各大さじ2
- 塩 —— 少々

作り方

1　里いもは皮をむいて塩でもみ、鍋にたっぷりの水とともに入れて下ゆでする。ほぼやわらかくなったら、1個ずつていねいに洗ってぬめりを落とす。

2　鍋にAを入れて煮立たせ、1を加えて落としぶたをし、弱火で煮汁が半分くらいになるまで煮る。そのまま冷まして味をなじませる。

メモ

煮汁ごと保存容器に入れて冷蔵保存し、日持ちは約3日。「里いもの白煮」（左ページ）は里いもの粘りけを存分に味わうために、皮をむいてそのまま煮ましたが、こちらは塩もみや下ゆでをして粘りけを除き、あっさりとした口あたりに仕上げます。こうすると、しょうゆの色と味がよくしみます。

さつまいもの甘辛煮

材料（３～４人分）
さつまいも —— 大１本
だし汁（または水）—— 適量
砂糖、しょうゆ —— 各大さじ２

作り方

1　さつまいもは皮をしましまにむき、2cm厚さの輪切りにし、水に５分ほどさらす。

2　鍋に水けをきった1、調味料、ひたひたのだし汁を入れて中火にかけ、煮立ったら弱めの中火にし、落としぶたをしてやわらかくなるまで煮る。そのまま冷まして味をなじませる。

メモ
煮汁ごと保存容器に入れて冷蔵保存し、日持ちは約５日。鶏肉やちくわと一緒に煮ることもあります。これをもち米と炊いて、さつまいもごはんにもします。

さつまいものレモン煮

材料（3～4人分）

さつまいも —— 大1本

砂糖 —— 大さじ3

レモンの薄切り（皮をむく）—— 3～4枚

作り方

1　さつまいもは皮つきのまま3～4cm長さに切り、縦4等分に切り、水に5分ほどさらす。

2　鍋に水けをきった1、砂糖、ひたひたの水を入れて中火にかけ、煮立ったら弱めの中火にし、落としぶたをしてやわらかくなるまで煮る。

3　レモンを加えてひと煮し、そのまま冷まして味をなじませる。

メモ

煮汁ごと保存容器に入れて冷蔵保存し、日持ちは約５日。レモンは皮をむいてスライスしたものを使うか、国産のワックスなしのものを皮ごと使います。レモンを加えてから長く煮すぎると、苦みが出ることがあるので、煮上がりに入れるようになりました。

根菜のトマト煮

材料（5 ～ 6 人分）
れんこん —— 小 1 節（150g）
里いも —— 4 個
ごぼう —— 1 本（200g）
にんじん —— 1 本
にんにく —— 1 かけ
ベーコン —— 3 ～ 4 枚
ホールトマト缶 —— 1 缶（400g）
塩 —— 小さじ½
オリーブ油 —— ¼カップ

(a)

(b)

作り方

1　れんこんと里いもは皮をむいてひと口大に切り、ごぼうはよく洗って皮つきのままひと口大の乱切り、にんじんは皮をむいて乱切りにする。にんにくはみじん切りに、ベーコンは細切りにする。

2　ホールトマトは缶汁ごとボウルにあけ、手で軽くつぶしておく。

3　鍋にオリーブ油、にんにくを入れて弱めの中火にかけ、香りが出たらベーコンを加えてひと炒めする。根菜を加え、さらに炒める（a）。

4　全体に油がなじんだら2を加え（b）、ふたをして野菜がやわらかくなるまで 10 ～ 15 分煮、塩で味を調える。汁けが多い場合は、ふたをとって火を少し強めて煮詰める。

メモ

冷めたら保存容器に入れて冷蔵保存し、日持ちは約５日。夏野菜のラタトゥイユ（p.74）は、くったりとやわらかな口あたりなのに対し、秋の根菜で作ると歯ごたえもあり、里いものねっとりした食感もあって、食べごたえがあります。味出しにベーコンを加えて、根菜にしっかりと味を含ませます。

筑前煮

材料（7～8人分）
れんこん —— 小1節（150g）
里いも —— 4個
ごぼう —— 1本（200g）
にんじん —— 1本
干ししいたけ —— 4枚
鶏もも肉 —— 小1枚（200g）
こんにゃく —— 1枚
A
- しいたけの戻し汁、酒 —— 各1カップ
- しょうゆ —— ¼～⅓カップ
- 砂糖 —— 大さじ2

サラダ油 —— 大さじ1

(a)

(b)

作り方

1　干ししいたけは水1½カップにひと晩つけて戻し、軸を切り、2～4等分に切る。こんにゃくは熱湯でさっとゆでて、ひと口大にちぎる。

2　れんこんは皮をむいて1cm厚さの輪切りにし、里いもは皮をむいて半分に切る。ごぼうは洗って皮つきのまま乱切り、にんじんは皮をむいて乱切りにする。鶏肉はひと口大に切る。

3　鍋にサラダ油を熱し、鶏肉を中火で炒め、肉の色が変わったら1、2の野菜を加えて炒め合わせる。全体に油がなじんだらAを加え、落としぶたをして中火で煮る（a）。

4　野菜がやわらかくなったら、ふたをはずし、時々鍋を揺すりながら煮汁が半分くらいになるまで煮詰める（b）。そのまま冷まして味をなじませる。

メモ
煮汁ごと保存容器に入れて冷蔵保存し、日持ちは約5日。器に盛り、ゆでて斜め半分に切った絹さや、せん切りにしたしょうがをあしらいます。

しもつかれ

材料（5～6人分）
大根 —— ⅓本
にんじん —— 小1本
いり大豆 —— ½カップ
さつま揚げ —— 大1枚
酒、みりん、しょうゆ、砂糖、酢
—— 各¼カップ

作り方
1　大根とにんじんは皮つきのまま鬼おろし（またはおろし金）ですりおろし、ざるに上げて水けを軽くきる。いり大豆は薄皮をむき、さつま揚げは3×1cm幅に切る。
2　小鍋に酒とみりんを入れて煮立たせ、アルコール分を飛ばす。
3　鍋に1、2、残りの調味料を入れて火にかけ、煮立ったら中火で7～8分煮る。そのまま冷まして味をなじませる。

メモ
保存容器に入れて冷蔵保存し、日持ちは約1週間。しもつかれは、北関東の郷土料理。作ってから冷蔵室でひと晩寝かせると、前日とは比べものにならないほど味がやさしく、豆にもしっかり味がしみて、ぐんとおいしくなります。竹をギザギザに削って作った“鬼おろし”を使うと、細かなざく切りのような大根おろしとなり、大根の口あたりがやさしくなります。

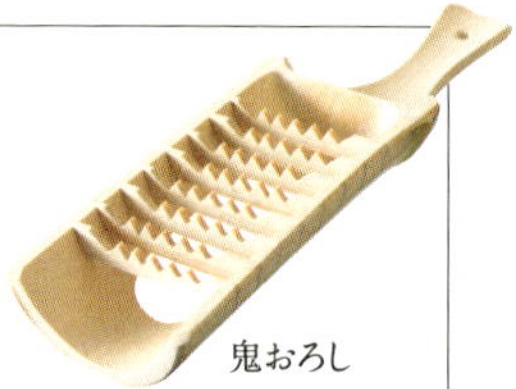
鬼おろし

大根とかぶのピクルス

材料（4～5人分）
大根――5cm
かぶ――2個
にんじん――1本
にんにく（薄切り）――1かけ
ローリエ――2～3枚
すし酢（p.122）――1カップ
塩――小さじ1

作り方
1　野菜はすべて皮をむき、薄い輪切りにする。合わせて塩をまぶし、しんなりするまで10分ほどおく。
2　1をさっと水洗いして水けをしっかり絞り、にんにく、ローリエとともに保存容器に入れる。すし酢を加えて軽く混ぜ、半日ほど漬ける。

メモ
冷蔵保存し、日持ちは約5日。にんにくとローリエを加えなければ、お正月のおせちの“なます”になります。

大根葉炒め

材料（4～5人分）
大根葉 —— 大根1本分
A ｛ しょうゆ、砂糖、みりん —— 各大さじ1
塩 —— 少々
白いりごま —— 適量
ごま油（またはサラダ油）—— 大さじ1

作り方
1　大根葉は1cm幅に切る。
2　深めのフライパン（または鍋）にごま油を熱し、1を炒め、しんなりしたらAを加えてひと炒めする。塩で味を調え、最後に白ごまを混ぜる。

メモ
冷めたら保存容器に入れて冷蔵保存し、日持ちは約5日。長い葉つきの大根が手に入ったら、これを作ります。かぶの葉でも作ります。めんつゆ（p.122）で味つけしても。ちりめんじゃこや梅干し、だしをとったあとの昆布を細切りにして加え、炒めることもあります。

白菜のコールスロー

材料（4～5人分）

- 白菜 —— ¼株
- 紫玉ねぎ（または玉ねぎ）—— ¼個
- 塩 —— 小さじ1
- A
  - マヨネーズ、オリーブ油、白ワインビネガー（または酢）—— 各大さじ2
  - こしょう —— 少々

作り方

1　白菜は細切りにして塩小さじ¾をまぶし、紫玉ねぎは薄切りにして塩小さじ¼をまぶす。ともにしんなりするまで10分ほどおく。

2　ボウルにAを合わせ、とろりと乳化するまで泡立て器でよく混ぜる。1をさっと水洗いして水けをしっかり絞り、ここに加えてあえる。

メモ

保存容器に入れて冷蔵保存し、日持ちは約3日。キャベツで作るのがポピュラーなコールスローを、白菜でも作ります。ハムやちくわ、かにかまなどを混ぜても。フレンチドレッシングにマヨネーズを混ぜたものであえてもいいです。

枝豆のごま油あえ

材料（5 ～ 6 人分）

枝豆 —— 500g

塩 —— 適量

ごま油 —— 大さじ 2

作り方

1　枝豆は両端をキッチンばさみで少し切り落とし、塩大さじ 1 をまぶす。

2　たっぷりの熱湯に1を入れてゆで、ざるに上げ、熱いうちに塩小さじ½をふる。保存容器に入れ、ごま油であえる。

メモ

冷めたら冷蔵保存し、日持ちは約 3 日。冷蔵室でよく冷やしてから食べます。ゆでたての枝豆が食べきれなかった時、こうして保存して食べたら、冷えた枝豆も好きになりました。口のまわりがややベトベトになりますが、それもご愛嬌。娘の夏のおやつです。

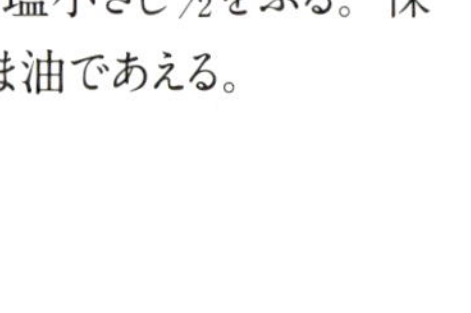

コーンスープの素

材料（4人分＝3 ½カップ）

ゆでたとうもろこし —— 3本

玉ねぎ —— ½個

塩 —— 適量

バター —— 大さじ2

作り方

1　とうもろこしは包丁で実をそぎ、玉ねぎは薄切りにする。

2　鍋にバターを溶かし、玉ねぎを中火で炒め、しんなりして透き通ってきたら、とうもろこしを加えてひと炒めする。ひたひたの水を加え、中火でやわらかくなるまで煮る。

3　粗熱がとれたらミキサー（またはフードプロセッサー）にかけてピューレ状にし、塩を加えて薄めに味をつける。

メモ

冷めたら保存容器に入れて冷蔵保存し、日持ちは約3日。缶詰のコーンで作ってもいいです。夏にとうもろこしをたくさんいただく機会があり、食べきれない時は、ゆでて粒をはずして冷凍しておきます。そしてせっせとこのスープの素を作るのです。コーンスープ（1人分）は、コーンスープの素3/4カップに牛乳1/2カップを合わせて温め、塩で味を調え、粗びき黒こしょうをふります。

いんげんのおかか煮

材料（4～5人分）

いんげん —— 30本

A　しょうゆ、みりん、酒 —— 各大さじ1½

削り節 —— 1袋（5g）

作り方

1　いんげんはヘタと筋をとる。

2　鍋に1、A、ひたひたより少し少なめの水を入れ、中火で煮る。煮汁がなくなり、いんげんにしわが寄ってくたっとなったら、削り節を混ぜる。

メモ

冷めたら保存容器に入れて冷蔵保存し、日持ちは約5日。できたてよりも、冷めてからのほうがおいしい惣菜です。味つけは、めんつゆ（p.122）でもいいです。

ゴーヤの しょうゆ漬け

材料（4～5人分）
ゴーヤ —— 小1本
塩 —— 小さじ1
酢、しょうゆ —— 各大さじ2

作り方

1 ゴーヤは縦半分に切り、種とワタをスプーンでかきとり、5mm幅に切る。塩をまぶして10分ほどおき、塩をつけたまま熱湯でさっとゆで、ざるに上げて粗熱をとる。

2 保存容器に1を入れ、酢、しょうゆを加えてあえる。

メモ
冷めたら冷蔵保存し、日持ちは約5日。ゴーヤの苦みが強いほうが好みなら、ゆでずに塩もみしてからさっと水洗いし、水けを絞ってあえてください。冷たく冷やしたほうがおいしいです。

揚げ野菜のマリネ

材料（4～5人分）

なす —— 3本

パプリカ（赤・黄・オレンジなど合わせて）

—— 小2個

A ｛ すし酢（p.122）—— ½カップ
　　しょうゆ —— 少々

揚げ油 —— 適量

作り方

1　なすはヘタを落として細切りにし、水に5分ほどさらす。パプリカはヘタと種を除いて細切りにする。

2　高温（180℃）の揚げ油に水けをしっかりふいたなす、パプリカを入れて揚げ、油をきる。熱いうちに保存容器に入れ、Aを加えてあえる。

メモ

冷めたら冷蔵保存し、日持ちは約3日。食べる時に、青じそやしょうがのせん切りをあしらいます。

野菜の揚げびたし

材料（4～5人分）

かぼちゃ —— ⅛個
なす —— 2本
ピーマン —— 2個
いんげん —— 6本
オクラ —— 6本
ししとう —— 6本
A ｛ めんつゆ （p.122） —— 2カップ
　 にんにく（すりおろす） —— 1かけ
揚げ油 —— 適量

作り方

1　かぼちゃは種とワタを除いて1cm厚さのひと口大に切り、なすはヘタを落としてひと口大に切り、水に5分さらす。ピーマンもひと口大に、いんげんはヘタと筋をとり、オクラはガクの部分をくるりとむき、ししとうとともに包丁の先で切り込みを入れる。

2　高温（180℃）の揚げ油で水けをしっかりふいたなすを揚げ、合わせたAにすぐにつける。揚げ油を170℃に下げてかぼちゃ以外の野菜、かぼちゃの順に揚げ、熱いうちにAにつけて味をなじませる。

メモ

冷めたら漬け汁ごと保存容器に入れて冷蔵保存し、日持ちは約5日。にんにくのかわりに、しょうがのすりおろしやたたいた梅干しを加えても作ります。ぜひ、そうめんのつけ合わせに。

ラタトゥイユ

材料（2～3人分）
なす —— 2本
パプリカ（赤・黄・オレンジなど合わせて）
—— 1個
ズッキーニ —— 1本
トマト（完熟）—— 2個
にんにく —— 1かけ
塩 —— 小さじ½
しょうゆ —— 小さじ1
オリーブ油 —— 大さじ4

(a)

(b)

作り方

1　なすはヘタを落としてひと口大に切り、水に5分ほどさらす。パプリカはヘタと種を除いてひと口大に、ズッキーニは1cm厚さの輪切りにする。トマトはヘタを除いて大きめに切り、にんにくはつぶす。

2　鍋にオリーブ油、にんにくを入れて弱めの中火にかけ、香りが出てにんにくがこんがりと色づいたら、トマト以外の野菜をすべて加えて炒める（a）。

3　全体に油がなじんだら、トマトを手でつぶしながら加え（b）、ふたをして弱めの中火で20分ほど煮る。塩、しょうゆで味つけし、汁けが多い場合は、ふたをとって強火で煮詰める。そのまま冷まして味をなじませる。

メモ

煮汁ごと保存容器に入れて冷蔵保存し、日持ちは約5日。季節の野菜を使って作ります。基本の味つけは、にんにくとオリーブオイル、塩のみです。

ほうれんそうのおひたし

材料（3～4人分）

ほうれんそう —— 1束

A
- だし汁 —— 1カップ
- 薄口しょうゆ —— 小さじ2
- 塩 —— 小さじ½

作り方

1　Aは保存容器に合わせておく。

2　ほうれんそうは熱湯でさっとゆで、水にとって冷ます。水けをしっかり絞って1につけ、30分ほどなじませる。

メモ

冷蔵保存し、日持ちは約3日。ほうれんそうは水っぽくならないよう長いままつけ、食べる時に切り、削り節を添えます。このほかおひたしのレパートリーは、小松菜、チンゲンサイ、にら、ブロッコリー、丸ごとトマト、キャベツ、いんげん、グリーンアスパラなど。

菜の花の皮の塩もみ

材料（3～4人分）
菜の花 ── 1束
塩 ── 小さじ⅓

作り方

1　菜の花は、根元の切り口から花に向かって茎の皮をむく。セロリの筋とりの要領で。多少花がついていてもよく、茎のほうは別の料理に使う。

2　むいた皮とそこについている葉を熱湯でさっとゆで、ざるに上げて冷ます。細かく刻み、塩をまぶして5分ほどおき、水けをしっかり絞る。

メモ

保存容器に入れて冷蔵保存し、日持ちは約3日。菜の花が上手にゆでられなくて、農家のおかあさんに相談したところ、皮をむくのよと教えてくれました。やってみると、皮をむいた茎の芯の部分も、頭の花の部分も、均等にほどよくゆでることができます。むいた皮は、刻めば筋も気にならず、りっぱなおかずに。そのまま炊きたてのごはんに混ぜたり、湯豆腐の薬味にします。

たけのこと実山椒の煮つけ

材料（4～5人分）

ゆでたけのこ —— 小3本（350g）

市販の実山椒のつくだ煮 —— 大さじ1

A ｛ だし汁 —— 2～2 ½カップ
　　 しょうゆ、みりん
　　 —— 各大さじ1

作り方

1　たけのこは穂先を縦半分に、根元を縦4等分くらいに大きめに切る。

2　鍋に1とAを入れて火にかけ、煮立ったら弱めの中火にし、落としぶたをして15～20分煮る。

3　実山椒を加えてひと煮し、味をみて塩けが足りなかったら、しょうゆ少々（分量外）を足して5分ほど煮る。そのまま冷まして味をなじませる。

メモ　煮汁ごと保存容器に入れて冷蔵保存し、日持ちは約3日。実山椒のつくだ煮の味によって、しょうゆの分量は調節してください。刻んで混ぜごはんや、炊き込みごはんの具にもおすすめです。

きゃらぶき

材料（5 ～ 6 人分）

野ぶき（またはふき）—— 細めのもの 200g

A ｛ しょうゆ、酒 —— 各大さじ 2
　　砂糖 —— 大さじ 1

＊市販のふきで作る場合は、p.80 を参照して下処理してから煮つけて。

作り方

1　ふきは洗って鍋に入る長さに切り、たっぷりの水とともに鍋に入れて火にかける。煮立ったらゆで汁を捨て、新しい水と合わせて火にかける。これを 3 ～ 4 回くり返してアクを抜く。

2　1を食べやすく切り、水 ¼ カップ、Aとともに鍋に入れ、落としぶたをして時々混ぜながら、汁けがなくなるまで弱火で 10 ～ 15 分煮る。

メモ

冷めたら保存容器に入れて冷蔵保存し、日持ちは約 2 週間。砂糖はなしで、しょうゆと酒だけで煮ると、キリッと濃いめの味に。うちはやや甘めが好きなので、砂糖を加えています。野ぶきは「山ぶき」とも呼ばれ、春から初夏にかけて野原や庭先でとれる細いふきのこと。野菜の直売所などで手に入ります。今年はなぜか、近所の方から次々と庭先の野ぶきをいただき、せっせときゃらぶきを作りました。すぐに食べるものは薄めの味にし、保存したい時には、しっかりとしょうゆの味をきかせて作ると日持ちします。

春野菜の炊き合わせ

材料（5～6人分）

ゆでたけのこ —— 中1本（200g）
ふき —— 3本
にんじん —— 1本
高野豆腐（乾燥）—— 6枚（100g）
干ししいたけ —— 4枚

A
- しいたけの戻し汁 —— 1カップ
- だし汁 —— 適量
- しょうゆ、みりん —— 各大さじ1
- 塩 —— 小さじ¼

B
- だし汁 —— 適量
- 薄口しょうゆ —— 大さじ1
- 塩 —— 少々

C
- だし汁 —— 適量
- 薄口しょうゆ —— 大さじ1
- 塩 —— 小さじ¼

塩 —— 適量

(a)

(b)

(c)

作り方

1　干ししいたけは水1½カップにひと晩つけて戻し、軸を切る。高野豆腐は熱湯につけ、ぬるくなったら熱湯を足しながら、1時間ほどおいてやわらかく戻す。両手ではさんで水けをしっかり絞り、食べやすく切る。

2　ふきは鍋に入る長さに切り、塩をたっぷりまぶして板ずり（まな板の上でごろごろ転がすこと）する（a）。塩をつけたまま熱湯でやわらかくなるまでゆで（b）、水にとって冷まし、皮をむいて（c）4cm長さに切る。

3　にんじんは皮をむき、たけのことともに食べやすく切る。

4　鍋に1、しいたけの戻し汁、かぶるくらいのだし汁、残りのAを入れて火にかけ、煮立ったら弱めの中火にし、落としぶたをして20分ほど煮る。そのまま冷まして味をなじませる。

5　別の鍋に2、ひたひたのだし汁、残りのBを入れて火にかけ、あとは4と同様に弱めの中火で10分ほど煮る。

6　さらに別の鍋に3、かぶるくらいのだし汁、残りのCを入れて火にかけ、あとは4と同様に弱めの中火で15分ほど煮る。

メモ

保存容器に入れて冷蔵保存し、日持ちは約3日。素材の香りや味が移らないように、別々に煮ます。器に盛ったら、木の芽を添えて。細かく刻んで、混ぜずしの具にもします。

香味野菜でちょこっと常備菜

しょうがのつくだ煮

材料（4～5人分）

新しょうが —— 300g

しょうゆ —— 適量

メモ

冷めたら保存容器に入れて冷蔵保存し、日持ちは約1年。ごはんに混ぜたり、お茶漬けの具にしたり。あえものや炒めものの薬味にも使います。

作り方

1　しょうがは黒くなった部分をこそげとり、皮つきのまま薄切りにする。

2　鍋（またはフライパン）に1を入れ、しょうがの高さの$\frac{1}{3}$くらいまでしょうゆを注いで中火にかけ、煮立ったら弱めの中火にし、混ぜながら煮る。しょうがからたっぷり水分が出たら強火にし、汁けがなくなるまで煮詰める。

みょうがの甘酢漬け

材料（4～5人分）
みょうが —— 5個
すし酢（p.122）—— ¼カップ

作り方

1　みょうがは3～4mm幅の小口切りにする。すし酢とともにポリ袋に入れ、空気を抜いて口をしばり、ひと晩漬ける。

メモ
保存容器に入れて冷蔵保存し、日持ちは約5日。ごはんやすし飯に混ぜて食べたり、焼き魚や刺身のつけ合わせにします。

みょうがのつくだ煮

材料（4～5人分）
みょうが —— 10個
しょうゆ、みりん —— 各大さじ2

作り方

1　みょうがは縦半分に切ってから斜め薄切りにし、調味料とともに鍋（またはフライパン）に入れ、時々混ぜながら中火で煮る。水分が出たら強火にし、汁けがなくなるまで煮詰める。

メモ
冷めたら保存容器に入れて冷蔵保存し、日持ちは約2週間。ごはんに混ぜる、お茶漬けの具、刺身やそうめんの薬味などに重宝します。

3章

乾物で

乾物は、袋を開けたら全量を調理してしまいます。
半量残しても、すぐに使うことなく
引き出しの中にしまいっぱなしということが多く、
特に切り干し大根などは、色が変わっていたなんてことが続いたので、
ならば一気に、ということになりました。
作ってあれば食べてしまうんですよね。
たとえば、ひじきや切り干し大根は、煮もの、炒めもの、酢のものと、
味の違うものを2、3種類作れば、
それぞれ素材は同じでも、まったく違うひと皿として喜ばれます。

常備菜があれば… >>> 娘のお弁当 >>>

ひじきの五目煮（p.90）で混ぜごはんに。
おかずはウインナソーセージのソテー、
ブロッコリーのごま油ゆで（p.40）、
ゆで卵のソース煮（p.99）。

切り干し大根の煮もの

材料（5～6人分）
切り干し大根（乾燥）—— 80g
にんじん —— ½本
油揚げ —— 1枚
A だし汁 —— 2カップ
しょうゆ、みりん
—— 各大さじ1
砂糖 —— 小さじ1
サラダ油 —— 大さじ1

作り方
1　切り干し大根は流水でもむように洗い、たっぷりの水に10～15分つけて戻し、水けを絞って食べやすく切る。にんじんは皮をむき、油揚げとともに3cm長さの細切りにする。
2　鍋にサラダ油を熱し、1を中火で炒める。全体に油がなじんだらAを加え、煮汁がなくなるまで弱めの中火で煮る。

メモ
冷めたら保存容器に入れて冷蔵保存し、日持ちは約1週間。切り干し大根は煮ものにするだけでなく、戻してそのままサラダや炒めものにも使えます。袋を開けてしまうと、すぐに黄色く変色し、味も落ちるので、一度に煮たり漬けたりして使いきり、保存しながら食べつくします。

切り干し大根のハリハリ漬け

材料（5～6人分）

切り干し大根（乾燥）―― 50g

糸昆布（乾燥）―― 20g

赤唐辛子 ―― 1本

A ｛ 酢、しょうゆ ―― 各¼カップ

作り方

1　切り干し大根は流水でもむように洗い、水けを絞って食べやすく切る。赤唐辛子は小口切りにし、Aと合わせておく。

2　保存容器に1と糸昆布を入れて軽く混ぜ、ひと晩漬ける。

メモ

冷蔵保存し、日持ちは約1週間。よく行く食堂では、カリカリに炒めたベーコンとざくざく切った京菜に、ハリハリ漬けを混ぜただけのサラダがよく登場します。それぞれの口あたりがよくて、クセになる味。うちでもまねして作っています。

ひじきのペペロンチーノ

材料（3～4人分）

ひじき（乾燥）—— 20g

にんにく —— 1かけ

赤唐辛子 —— 1本

塩 —— 小さじ$\frac{1}{4}$～$\frac{1}{2}$

オリーブ油 —— 大さじ3

作り方

1　ひじきはさっと洗い、たっぷりの水に20～30分つけて戻し、長いものは食べやすく切る。にんにくは薄切り、赤唐辛子は半分に切る。

2　フライパンにオリーブ油、にんにくを入れて弱めの中火にかけ、香りが出たら赤唐辛子、水けをきったひじきの順に加えて炒め合わせる。全体に油がなじんだら、塩で味つけする。

メモ

冷めたら保存容器に入れて冷蔵保存し、日持ちは約5日。ゆでたスパゲッティとからめたり、トーストにのせて食べます。ひじきには茎の部分の長ひじきと、芽だけを摘んだ芽ひじきがあります。長ひじきは太くて長さがあるので、戻したら食べやすい長さに切って。長ひじき、芽ひじき、どちらでも好みのもので。

ひじきと玉ねぎの甘酢サラダ

材料（3～4人分）
ひじき（乾燥）―― 20g
玉ねぎ ―― ½個
すし酢（p.122）―― ¼カップ

作り方
1　ひじきはさっと洗い、たっぷりの水に20～30分つけて戻す。熱湯でさっとゆでてざるに上げ、長いものは食べやすく切る。
2　玉ねぎは薄切りにし、すし酢と合わせ、少ししんなりしたら1を加えてあえる。

メモ
冷めたら保存容器に入れて冷蔵保存し、日持ちは約3日。これに塩もみしたきゅうりや、細切りにしたハムを合わせたりもします。地元のひじき漁が解禁になる時だけ食べられる、釜揚げひじきが出回る頃によく作る一品です。

ひじきの五目煮

材料（3～4人分）

ひじき（乾燥）—— 20g

にんじん —— 1本

油揚げ —— 1枚

こんにゃく —— ½枚

大豆（缶詰）—— 小1½缶（180g）

A ｛ だし汁 —— 2カップ
鶏ガラスープの素 —— 小さじ1

しょうゆ —— 大さじ3

(a)

(b)

作り方

1　ひじきはさっと洗い、たっぷりの水に20～30分つけて戻し(a)、長いものは食べやすく切る。

2　にんじんは皮をむいて1cm角に、油揚げも1cm角に切る。こんにゃくは熱湯でさっとゆで、1cm角に切る。

3　鍋に水けをきった1、2、大豆を入れ、Aを加えて中火にかける。煮立ったらしょうゆを加えて弱めの中火にし、落としぶたをして20～30分煮る（b)。そのまま冷まして味をなじませる。

メモ

保存容器に入れて冷蔵保存し、日持ちは約3日。大豆が傷みやすいので、3日に1度くらい火を入れ直せば、持ちがよくなります。

マカロニサラダ

材料（4～5人分）
マカロニ（乾燥）—— 150g
にんじん —— ¼本
ピーマン —— 1個
紫玉ねぎ（または玉ねぎ）—— ¼個
ロースハム —— 4枚
すし酢（p.122）—— 大さじ2
マヨネーズ —— 大さじ3
塩、こしょう —— 各少々

作り方

1　にんじんは皮をむいて細切りにし、塩少々（分量外）をまぶし、しんなりしたら水けを絞る。ピーマンはヘタと種を除いて横に細切りに、紫玉ねぎは薄切りにする。ハムは半分に切ってから細切りにする。

2　マカロニは熱湯で袋の表示時間通りにゆでる。

3　2が熱いうちにボウルに入れ、紫玉ねぎを加えて軽く混ぜ、5分ほどおいたらすし酢を加える。冷めたら残りの1を加えてマヨネーズであえ、塩、こしょうで味を調える。

メモ
保存容器に入れて冷蔵保存し、日持ちは約3日。マカロニをサラダに使う場合は、やわらかめにゆでたほうが味がよくなじみます。決してアルデンテにしないように。下味のすし酢がポイントで、マヨネーズの味がぐんとよくのります。

春雨サラダ

材料（4～5人分）
春雨（乾燥）―― 100g
もやし ―― ½袋
きくらげ（乾燥）―― 4個
ロースハム ―― 4枚
しょうゆドレッシング（p.125）
―― 大さじ3～4
白すりごま ―― 大さじ1

作り方
1　春雨は熱湯につけて戻し、透明になったら水けをきり、食べやすく切る。
2　もやしはできればひげ根を摘み、熱湯でさっとゆでる。きくらげは水に30分ほどつけて戻し、石づきを除いて細切りにする。ハムは半分に切ってから細切りにする。
3　ボウルに1、2を合わせてドレッシングであえ、すりごまを混ぜる。

メモ
冷めたら保存容器に入れて冷蔵保存し、日持ちは約3日。春雨を切る時は、包丁よりキッチンばさみのほうが便利です。ボウルの中で手早く切ります。

糸昆布と野菜のめんつゆ漬け

材料（5～6人分）
糸昆布（乾燥）―― 10g
セロリ ―― ½本
カラーピーマン（赤・オレンジなど。またはピーマン）―― 2個
にんじん ―― ½本
紫玉ねぎ（または玉ねぎ）―― ½個
するめ ―― ¼枚（約10g）
めんつゆ（p.122）―― 1カップ

作り方
1　セロリは4cm長さの細切りに、ピーマンはヘタと種を除いて縦に細切りにする。にんじんは皮をむいて4cm長さの細切りに、紫玉ねぎは薄切りにする。するめはキッチンばさみで細切りにする。
2　保存容器に糸昆布と1を合わせ、めんつゆをかけ、時々上下を返しながら半日ほど漬ける。

メモ
冷蔵保存し、日持ちは約3日。漬ける野菜はお好みで。きゅうりや新しょうがでもおいしく作れます。

干ししいたけと昆布の煮もの

材料（5～6 人分）
干ししいたけ —— 6 枚
昆布 —— 20cm 角 1 枚
しょうゆ、砂糖 —— 各大さじ 3

作り方
1　干ししいたけは水 2 カップにひと晩つけて戻し、軸を切り、大きいものは半分に切る。昆布は水 1 カップにつけてやわらかく戻し、3cm 角に切る。
2　鍋に1、しいたけと昆布の戻し汁、調味料を入れて中火にかけ、煮立ったら弱めの中火にし、落としぶたをして 15 ～ 20 分煮る。煮汁がほぼなくなり、全体にツヤが出たら火を止め、そのまま冷まして味をなじませる。

メモ
保存容器に入れて冷蔵保存し、日持ちは約 1 週間。そのままごはんのおかずにするのはもちろん、刻んですし飯に混ぜたり、お弁当の箸休めにもおすすめです。

4章

卵で

ゆで卵は、やや日にちがたった卵のほうが
殻がむきやすいので、
漬け卵や煮卵を作る時には、
買った卵をあらかじめ何日か寝かせてから使います。
生で食べるものは、生みたての新鮮な卵で。
プリンと盛り上がった黄身には、お酒も白いごはんもすすみます。

常備菜があれば… >>> ひとりごはん >>>

ごはんに黄身のしょうゆ漬け（p.100）をのせ、
キャベツと油揚げの煮びたし（p.38）、
きんぴらごぼう（p.53）をおかずに。

ゆで卵のしょうゆ漬け

材料（作りやすい分量）

卵 —— 8個

うずらの卵 —— 12個

めんつゆ（p.122）—— 約2カップ

作り方

1　卵とうずらの卵は好みのかたさにゆで、殻をむいて保存容器に入れ、めんつゆを加える。冷蔵室に入れ、時々転がしながら2～3時間漬ける。

メモ

冷蔵保存し、日持ちは約3日。卵のゆで加減はお好みで。半熟は水から10～12分、かためなら沸騰してから10分くらいが目安です。うずらの卵は水から入れ、沸騰してから5分ほどゆで、水にとって冷まし、殻をむきます。漬け汁はしょうゆだけでも、酢じょうゆにしても、みそ味にしてもいい。それににんにくやしょうがを入れたり、唐辛子や八角を加えたりすれば、香りも豊かに。

ゆで卵のソース煮

材料（作りやすい分量）

卵 —— 8個

ウスターソース（または中濃ソース）

—— ½カップ

鶏ガラスープの素 —— 小さじ2

作り方

1　卵は好みのかたさにゆで、台などに軽く打ちつけて殻にひびを入れる。

2　鍋にウスターソース、鶏ガラスープの素、水1½カップを入れて火にかけ、煮立ったら1（殻ごと）を加えて弱めの中火で5分ほど煮る。そのまま冷まして味をなじませる。

メモ

煮汁ごと保存容器に入れて冷蔵保存し、日持ちは約3日。食べる時に、そのつど殻をむきます。殻のひびからソースがしみて、マーブル模様になります。

黄身のしょうゆ漬け

材料（作りやすい分量）
卵黄 —— 6個分
しょうゆ —— 小さじ3

作り方

1　アルミカップ（または小さなガラス器）に卵黄を1つずつ入れ、しょうゆを等分して注ぎ、冷蔵室でひと晩漬ける。卵黄がしょうゆに全部つからなくても、半分くらいまであればいい。

メモ
保存容器に入れて冷蔵保存し、日持ちは約1日。黄身だけを取り出し、そのまま酒の肴にしたり、炊きたてのごはんの上にのせて食べます。

黄身のみそ漬け

材料（作りやすい分量）
卵黄 —— 6個分
みそ —— 大さじ2～3

作り方

1　アルミカップ（または小さいガラス器）にみそを薄く塗り、卵黄を1つずつ入れ、卵黄を包むようにみそを寄せる。冷蔵室でひと晩漬ける。

メモ

保存容器に入れて冷蔵保存し、日持ちは約1日。これもそのまま酒の肴にしたり、ごはんにのせて食べます。残った卵白は、みそ汁や炒めものの具に。ツノが立つくらいまで泡立てて、片栗粉でとろみをつけたスープに加えて火を通すと、ふわふわの白いスープのでき上がりです。

5章

豆・大豆加工品などで

豆や大豆加工品は、調理時間が多少かかりますが、
じっくりと時間をかけただけ、
おいしさが増すような気がします。
いつも急げ急げで台所に立っていることが多いので、
ゆっくりと火を入れていく料理をしている時は、
なんだか心が安らぎます。

常備菜があれば… >>> 軽食 >>>

チリコンカン（p.106）にピザ用チーズをのせて
オーブントースターで焼き、
簡単グラタンに。

金時豆の甘煮

材料（7～8人分）
金時豆（乾燥）―― 300g
砂糖 ―― 1カップ

作り方

1　豆は洗い、たっぷりの水に半日ほどつけて戻す。

2　つけた水ごと大きめの鍋に入れて中火にかけ、沸騰したら弱めの中火にし、豆がゆで汁から出ないように水を足しながら30分～1時間ゆでる。

3　指で軽く押してつぶれるくらいにやわらかくなったら、豆が少し出るくらいまでゆで汁を減らし、砂糖を加えて10分ほど弱火で煮る。そのまま冷まして味をなじませる。

メモ

煮汁ごと保存容器に入れて冷蔵保存し、日持ちは約5日。豆は缶詰なども使いますが、甘く煮る時は味がうまくつかないので、乾物から時間をかけて。甘みを控えると傷みが早いので、時々火を入れながら保存します。アクセントにしょうがのみじん切りを少し入れても。うちでは、バニラアイスやかき氷のトッピングにも活躍します。

金時豆

レンズ豆のスープ煮

材料（7～8人分）

- レンズ豆（乾燥）―― 200g
- ベーコン（細切り）―― 4枚
- にんにく（みじん切り）―― 1かけ
- 固形スープの素 ―― ½個
- 塩、こしょう ―― 各少々
- オリーブ油 ―― 大さじ2

作り方

1　深めのフライパン（または鍋）にオリーブ油、にんにくを入れて弱めの中火にかけ、香りが出たらベーコン、洗ったレンズ豆の順に加えて炒める。

2　全体に油がなじんだら、固形スープの素、かぶるくらいの水を加えて中火で煮る。煮立ったら火を弱め、時々水を加えながら20分ほど煮る。煮汁がほぼなくなり、豆がやわらかくなればでき上がり。塩、こしょうで味を調える。

レンズ豆（皮なし）

メモ

冷めたら保存容器に入れて冷蔵保存し、日持ちは約5日。パンにのせたり、はさんだり、パスタとからめてもおいしいです。料理のつけ合わせにも。レンズ豆は、レンズの形をした平べったい豆。皮つきと皮なしがあり、皮なしは早く煮えるので、水で戻す必要がありません。カレーやスープの具としてもよく使います。

チリコンカン

材料（4～5人分）

キドニービーンズ（缶詰）―― 小1缶（120g）
牛ひき肉 ―― 300g
玉ねぎ（みじん切り）―― ¼個
にんにく（みじん切り）―― 大1かけ
ホールトマト缶 ―― 1缶（400g）
A ｛ケチャップ ―― 大さじ2
　　塩 ―― 小さじ1
　　しょうゆ ―― 少々
チリ、オレガノ、パプリカ、クミンなど
（すべてパウダー）―― 各小さじ½
オリーブ油 ―― 大さじ2

作り方

1　ホールトマトは缶汁ごとボウルにあけ、手でよくつぶしておく。

2　鍋にオリーブ油、にんにくを入れて弱めの中火にかけ、にんにくが色づいたら玉ねぎを加えて炒め、全体に透き通ったらひき肉を加えて炒める。

3　肉の色が変わったら1を加え、とろみが出るまで中火で煮詰める。キドニービーンズを加えて5分ほど煮、Aとスパイスで味を調える。

キドニービーンズ

メモ

冷めたら保存容器に入れて冷蔵保存し、日持ちは約5日。スパイスを加えたり、味を濃いめにつける場合は、缶詰の豆でも十分おいしい。パンにのせたり、ごはんにかけて目玉焼きをのせたものは、わが家の定番プレートごはんです。

豆からゆでて　　　　缶詰を使って

豆のマリネサラダ

材料（4～5人分）

大福豆（乾燥）―― 200g
ロースハム（1cm角に切る）―― 2枚
紫玉ねぎ（みじん切り）―― ¼個
にんにく（すりおろす）―― ½かけ
パセリ（みじん切り）―― 小さじ1
フレンチドレッシング（p.125）
―― 大さじ3～4
塩 ―― 少々

作り方

1　豆は洗い、たっぷりの水に半日ほどつけて戻す。つけた水ごと大きめの鍋に入れて中火にかけ、沸騰したら弱めの中火にし、豆が出ないように水を足しながら30分～1時間ゆで、そのまま冷ます。

2　紫玉ねぎは塩をふってしばらくおき、水にさらして水けを絞る。

3　ボウルに水けをきった1、2、ハム、にんにく、パセリを合わせてドレッシングであえ、30分ほどなじませる。

メモ

保存容器に入れて冷蔵保存し、日持ちは約3日。ひよこ豆や白いんげん豆など、豆は好みのものを使って。缶詰で手軽に作る場合（写真上の右）は、好みの豆（写真はキドニービーンズとひよこ豆）小2缶、ロースハム2枚、玉ねぎのみじん切り、粗く刻んだピクルス2本分をドレッシングであえ、少し長めにおいて味を含ませます。

大福豆

ひよこ豆
（ガルバンゾ）

高野豆腐の煮しめ

材料（4～5人分）

高野豆腐（乾燥）── 8枚（130g）

A
- だし汁 ── 4カップ
- 砂糖 ── 大さじ3
- 酒 ── 大さじ2
- 塩 ── 小さじ2

作り方

1　高野豆腐は熱湯につけ、ぬるくなったら熱湯を足しながらやわらかく戻し、そのまま半日ほどつけておく。両手ではさんで水けをしっかり絞り、大きい場合は2～3等分に切る。

2　鍋に1とAを入れて中火にかけ、煮立ったら弱めの中火にし、落としぶたをして30分ほど煮る。そのまま冷まして味をなじませる。

メモ

煮汁ごと保存容器に入れて冷蔵保存し、日持ちは約3日。食べやすく切って、ごはんのおかずに。軽く絞って片栗粉をまぶして揚げたり、肉巻きの具にもします。最近は戻さないで煮る高野豆腐もありますが、じっくり戻して煮るほうが、口あたりがやさしく感じます。

がんもの煮つけ

材料（6人分）
がんもどき —— 中6個
だし汁 —— 3カップ
砂糖、しょうゆ —— 各大さじ2

作り方

1　がんもはさっと熱湯にくぐらせるか、熱湯をかけて油抜きをする。

2　鍋に1、だし汁、砂糖を入れて中火にかけ、煮立ったら弱めの中火にし、落としぶたをして15分ほど煮る。

3　しょうゆを加えて中火で5分ほど煮て味を含ませ、そのまま冷まして味をなじませる。

メモ
煮汁ごと保存容器に入れて冷蔵保存し、日持ちは約3日。厚揚げや油揚げも、同様に甘辛く煮つけておくと、お弁当のおかずなどに便利です。

うの花

材料（7～8人分）
おから —— 200g
ひじき（戻したもの）—— 100g
油揚げ —— 1枚
にんじん（2cm長さの細切り）—— ½本
グリーンピース（ゆでて）—— ½カップ
長ねぎ（小口切り）—— 7～8cm
絹さや（斜め細切り）—— 10枚
だし汁 —— 2カップ
A ｛ みりん —— 大さじ2
　　薄口しょうゆ —— 小さじ1～2
　　塩 —— 小さじ½～1
サラダ油 —— 小さじ2

作り方
1　油揚げは端を切って1枚に広げ、2cm長さの細切りにする。
2　鍋にサラダ油を熱し、ひじき、油揚げ、にんじんを中火で炒める。全体に油がなじんだら、おからを加えてひと炒めし、だし汁の半量とAを加え、混ぜながら炒め煮にする。汁けが少なくなったらだし汁を足しながら、全体におからがふっくらしっとりとし、汁けがなくなるまで炒め煮にする。
3　塩少々（分量外）で味を調え、グリーンピース、長ねぎ、絹さやを加えて混ぜる。

メモ
冷めたら保存容器に入れて冷蔵保存し、日持ちは約3日。具は季節のもので。春なら山菜や青豆など、秋には根菜がおすすめです。

こんにゃくのみそ煮

材料（4～5人分）

こんにゃく —— 2枚

A ｛ だし汁 —— ½カップ
　　みそ —— 大さじ2
　　砂糖、しょうゆ —— 各大さじ1

作り方

1　こんにゃくは熱湯で5分ほどゆで、ざるに上げて冷まし、大きめのスプーンでひと口大にちぎる。

2　鍋を中火で熱し、1を入れてからいりし、音が静かになってこんにゃくが乾いたようになったら、火を止めてひと呼吸おく。

3　再び火にかけてAを加え、中火で煮汁がほぼなくなるまで煮詰めて味を含ませる。

メモ　冷めたら保存容器に入れて冷蔵保存し、日持ちは約5日。こんにゃくは十分にからいりしておくと、味がしっかりなじみます。

∨

ふわふわパンにつけて

カスタードクリーム

材料（約２カップ分）

A ｛ 小麦粉 —— 30g
　 コーンスターチ —— 5g
　 グラニュー糖 —— 70g

牛乳 —— 1 ¼カップ

卵黄 —— 4 個分

バター —— 5g

作り方

1　Aは合わせてふるい、鍋に入れ、牛乳を少しずつ加えて泡立て器で混ぜ、グラニュー糖を溶かす。混ぜながら弱めの中火にかけ、プツプツッと煮立ってきたらいったん火からおろす。

2　卵黄を加えて泡立て器で混ぜ、再び弱めの中火にかける。絶えず混ぜながら加熱し、プツプツッと煮立ってきたら火からおろし、バターを混ぜる。

3　保存容器に入れ、ラップで表面をぴったりと覆って冷ます。

メモ

冷蔵保存し、日持ちは約１週間。食べる時に生クリームを好みの量加えて味を調整し、やわらかなパンなどにつけて食べます。かためのカスタードにする場合は、生クリームを五分立て（とろとろと落ちるくらい）に泡立てて混ぜます。

ブルーベリージャム

材料（約２カップ分）
ブルーベリー —— 500g
砂糖 —— １カップ

作り方
1　ブルーベリーは洗って水けをきり、酸に強いほうろうかステンレスの厚手の鍋に入れ、砂糖をまぶして１～２時間おく。
2　1を中火にかけ、煮立ったら浮いてくる泡（アク）をそのつどていねいにとり、時々混ぜながら15分ほど煮詰める。熱いうちにびんに入れる。

ヨーグルトにかけて

メモ
冷めたら冷蔵保存し、日持ちは約１か月。ヨーグルトやホットケーキにかけて食べます。ジャムはいちごやプルーンでも作りますが、家族全員なぜか、毎日食べるヨーグルトにはブルーベリーをのせると決めているので、せっせと煮ます。季節はずれの時には、冷凍のブルーベリーを使います。実家の母からヨーグルト菌を分けてもらって以来、牛乳と菌を混ぜてヨーグルトも作ります。

6章

たれ・ソース

これが常備菜?　と言われてしまうと、
そうではないジャンルかもしれません。
けれど、わが家にとっては肉や魚や野菜を料理するように、
たれやソースも作り、
そしてそれが常備菜の味つけに欠かせないものになっています。
市販のものですませる時もありますが、
時間がある時にちょっと1びん作っておくと、
これを使って何か作ろう、という気持ちがわいてくるのです。

常備菜があれば…　>>>　**おつまみ**　>>>

今夜は白ワインに合わせ、
サルサソース（p.118）と
つぶしたアボカドを混ぜてワカモーレに。
バーニャカウダ（p.120）には、
スティック野菜を添えて。

豚肉のソテー

材料と作り方（2 人分）
① 豚薄切り肉 6 枚は軽く塩、こしょうをふり、サラダ油大さじ½を熱したフライパンで両面をこんがりと焼く。器に盛り、しそみそ大さじ 1 ～ 2 をかける。

しそみそ

材料（約½カップ分）
青じそ — 50 枚
砂糖、みそ — 各大さじ 1 ～ 1 ½
サラダ油 — 大さじ½

作り方
1 青じそは 10 枚くらいずつ重ねてくるくる巻き、細切りにする。
2 フライパンにサラダ油を熱し、1を炒め、全体に油がなじんでしっとりしたら、砂糖、みその順に加えて味をからめる。

メモ

冷めたら保存容器に入れて冷蔵保存し、日持ちは約 1 週間。砂糖を加えて炒めると、水けが出てくるので、それからみそを加えると混ぜやすいです。豚肉、鶏肉、白身の切り身魚と相性がいいので、ソテーしたり魚焼きグリルで焼いたものに、このしそみそをソースがわりにのせて食べます。ごはんのお供にも。

バジルソース

材料（約1½カップ分）

A
- バジルの葉 ― 80g（約8枝分）
- 松の実 ― 40g
- にんにく（みじん切り） ― 2かけ
- パルメザンチーズ ― 大さじ4

オリーブ油 ― ½カップ

塩 ― 小さじ½

こしょう ― 少々

作り方

1　ミキサー（またはフードプロセッサー）にAを入れて回し、ほぼ混ざったら、オリーブ油を少しずつ加えてペースト状になるまで回す。塩、こしょうで味を調える。

メモ

びんなどに入れて冷蔵保存し、日持ちは約10日。バジルだけでなく、タイムやディル、パセリなどを合わせて作ったり、西洋ハーブでなく山椒や青じその葉でも作ります。チーズに塩けがあるので、味見をしてから塩、こしょうで味を調えて。パスタやゆで野菜とあえたりして食べます。

オムレツ

材料と作り方（2人分）

① 卵3個は割りほぐし、牛乳大さじ2、塩小さじ¼を混ぜる。

② フライパンにバター大さじ1を中火で溶かし、1を流して大きく混ぜながら焼く。半熟状になったら、フライパンの端に折りたたむようにして寄せて形を整え、器に盛ってバジルソース大さじ2～3をかける。

たこのカルパッチョ

材料と作り方（2人分）

① ゆでだこの足大½本（80g）は薄切りにし、器に並べてサルサソース¼カップをかける。

サルサソース

材料（約2カップ分）

トマト —— 大1個
ピーマン —— 1個
玉ねぎ —— ½個
香菜《シャンツァイ》 —— 1株
青唐辛子 —— 1～2本
にんにく —— 1かけ
A ｛ レモン汁 —— ½個分
　 塩 —— 小さじ½
　 こしょう —— 少々
オリーブ油 —— 大さじ2～3

作り方

1 トマトはヘタ、ピーマンはヘタと種を除き、ともに粗みじんに切る。玉ねぎ、青唐辛子、にんにくはみじん切りに、香菜は細かく刻む。

2 ボウルに1とAを合わせ、最後にオリーブ油を混ぜる。

メモ

びんなどに入れて冷蔵保存し、日持ちは約5日。卵に混ぜて焼いたり、ひき肉のソース炒め（p.8）やチリコンカン（p.106）をごはんにのせ、その上にこのソースをかけて、混ぜて食べてもおいしい。

タプナード

材料（約２カップ分）
黒オリーブ（種なし）—— 20個
ツナ缶 —— 大１缶（175g）
オリーブ油 —— ¼～½カップ
塩、こしょう —— 各少々

作り方
1　フードプロセッサーにオリーブとツナ（缶汁ごと）を入れて回し、ほぼ混ざったら、オリーブ油を少しずつ加えてペースト状になるまで回す。塩、こしょうで味を調える。

メモ

びんなどに入れて冷蔵保存し、日持ちは約１週間。パンやクラッカーにつけたり、ゆで卵、ゆで野菜、生野菜につけて食べます。

じゃがいもといんげんのサラダ

材料と作り方（２人分）
①　じゃがいも２個は皮ごと水からやわらかくゆで、食べやすく切る。いんげん６～７本はヘタと筋をとって熱湯でゆで、長さを半分に切る。
②　1を器に盛り、タプナード½カップを添えてつけながら食べる。

かじきのソテー

材料と作り方（2人分）

① めかじき2枚はひと口大に切り、塩少々をふってしばらくおき、水けをしっかりふく。パプリカ（赤・黄・オレンジなど）½個はひと口大に切る。

② フライパンにオリーブ油大さじ1を熱し、1を炒めて器に盛る。バーニャカウダ½カップをかけ、パセリのみじん切り少々を散らす。

バーニャカウダ

材料（約1½カップ分）
にんにく —— 2玉（10～12かけ）
牛乳 —— 1カップ
アンチョビ（フィレ）—— 7～8枚
オリーブ油 —— ¼～⅓カップ
塩 —— 少々

作り方

1 にんにくは薄皮をむき、鍋に牛乳とともに入れて中火にかけ、煮立ったら弱火にし、にんにくがやわらかくなるまで10分ほど煮る。

2 1の粗熱がとれたらミキサー（またはフードプロセッサー）に入れて回し、アンチョビを加えてさらに回し、オリーブ油を少しずつ加えてとろみをつける。塩で味を調える。

*ミキサーがなければ、にんにくをフォークでつぶし、再び弱火にかけ、アンチョビを加えてつぶしてなじんだら火からおろし、オリーブ油を少しずつ混ぜる。

メモ

冷めたらびんなどに入れて冷蔵保存し、日持ちは約1週間。食べる時に再び火にかけて熱くし、生野菜やゆで野菜、ゆで卵、バゲットなどにつけて食べます。パスタのソースとしても便利です。

ホワイトソース

材料（約4カップ分）
玉ねぎ（薄切り）—— ½個
小麦粉 —— 大さじ2½
牛乳 —— 4カップ
固形スープの素 —— ½個
塩 —— 小さじ½
バター —— 大さじ2

作り方
1　鍋にバターを溶かし、玉ねぎを弱めの中火でこがさないように炒める。しんなりして水けが出たら小麦粉をふり入れ、木ベラで混ぜながらさらに炒める。
2　小麦粉がしっとりとなじんだら、牛乳を少しずつ加えてのばす。とろみがついたら固形スープの素を加えて溶かし、塩で味を調える。

厚切りパンのグラタン

メモ

冷めたら保存容器に入れて冷蔵保存し、日持ちは約3日。炒めた玉ねぎに小麦粉をふってなじませると、ダマにならずに失敗がありません。パンにのせて焼いたり、パスタとからめたり。ごはんやマカロニを混ぜ、グラタンやドリアを作ったりします。

材料と作り方（1人分）
①　厚切り食パン（4枚切り）1枚は、中身を四角くちぎりとって器にする（底は残す）。くぼみにホワイトソース¼カップを入れ、ピザ用チーズ適量を散らし、オーブントースターでチーズが溶けるまで焼く。ハムやソーセージなどの具を入れたり、卵を割り入れてもおいしい。

めんつゆ

材料（約3カップ分）
しょうゆ、みりん —— 各½カップ
砂糖 —— 大さじ1～2
だし汁 —— 2カップ

作り方
1　鍋にみりんを入れて中火で煮立て、アルコール分を飛ばし、火を止めてしょうゆ、砂糖を混ぜてひと晩おく。
2　1にだし汁を加えて混ぜる。

メモ

冷めたらびんなどに入れて冷蔵保存し、日持ちは約1週間。麺類のつゆとして、煮ものや炒めものの味つけにも重宝します。だしは、かつお節やさば節などで濃いめにとります。

すし酢

材料（約1½カップ分）
酢、砂糖 —— 各1カップ
塩 —— 小さじ½

作り方
1　鍋に材料をすべて入れて中火にかけ、ひと煮立ちさせて砂糖が溶けたらでき上がり。

メモ

冷めたらびんなどに入れて冷蔵保存し、日持ちは約1か月。マリネ液やあえものの調味料、これさえあればすし飯もさっと作れます。

マヨネーズ

材料（約1½カップ分）

卵 —— 1個

酢 —— 大さじ1

塩 —— 小さじ1弱

サラダ油 —— ⅔～1カップ

作り方

1　深めの容器にサラダ油以外の材料を入れる。

2　ハンディプロセッサー（「バーミックス」など）で撹拌する。

3　ほぼ混ざったら、サラダ油を少しずつ加えながら撹拌し、

4　もったりとして、なめらかな状態になればでき上がり。

メモ

びんなどに入れて冷蔵保存し、日持ちは約3日。市販のマヨネーズより保存がきかないので、作ったらすぐに食べきります。野菜につけて食べてもよし、手作りマヨネーズで作る卵サンドやタルタルソース、ポテトサラダは最高です。

＊ハンディプロセッサーがなければ、ミキサーで撹拌するか、泡立て器でしっかり混ぜて作って。

ハーブバター

材料（約1カップ分）
バター —— 180g
パセリ、タイム（みじん切り）
—— 各大さじ1

作り方
1　バターは室温に置いてゴムベラでやわらかく練り、パセリ、タイムを混ぜる。

アンチョビバター

材料（約1カップ分）
バター —— 180g
アンチョビ（フィレ）
—— 10枚

作り方
1　バターは室温に置いてゴムベラでやわらかく練り、みじん切りにしたアンチョビを混ぜる。

にんにくバター

材料（約1カップ分）
バター —— 180g
にんにく（すりおろす）
—— 2かけ
こしょう —— 少々

作り方
1　バターは室温に置いてゴムベラでやわらかく練り、にんにくを混ぜる。容器に入れ、こしょうをふる。

メモ

どれもココット型などに入れて冷蔵保存し、日持ちは約2週間。パンに塗って食べたり、オムレツの中に忍ばせたり、パスタにからめて食べます。急な来客の時にはとても便利で、このバターと薄切りにしたバゲットで1杯飲んでいてもらう間に、次の料理を用意します。

フレンチドレッシング

材料（約1½カップ分）
白ワインビネガー —— ½カップ
塩 —— 小さじ¼
こしょう —— 少々
サラダ油（またはオリーブ油）
—— 1カップ

作り方
1　ボウルに材料をすべて入れ、とろりと乳化するまで泡立て器でよく混ぜる。

メモ

びんに入れて冷蔵保存し、日持ちは約1か月。にんにくのすりおろしや玉ねぎのみじん切り、粒マスタードをプラスしても。酸味の強い酢の場合は、砂糖を少し加えて。

しょうゆドレッシング

材料（約2カップ分）
酢 —— ½カップ
しょうゆ —— ¼カップ
砂糖 —— 大さじ1
ごま油（またはサラダ油）
—— 1カップ

作り方
1　ボウルに材料をすべて入れ、とろりと乳化するまで泡立て器でよく混ぜる。

メモ

びんに入れて冷蔵保存し、日持ちは約1か月。切りごま（包丁で刻んだ白いりごま）、すりごまを合わせてもおいしい。

オーロラドレッシング

材料（約1カップ分）
マヨネーズ —— ¾カップ
ケチャップ —— ¼カップ
塩 —— 少々

作り方
1　ボウルにマヨネーズとケチャップを入れて混ぜ、塩で味を調える。

メモ

びんに入れて冷蔵保存し、日持ちは約1か月。これでマカロニサラダや、ポテトサラダを作ってもおいしい。私はゆで卵のサラダに合わせるのが好きです。

常備菜について、気をつけたいこと

味つけについて

わが家の常備菜は、ごはんに合うもの、またはパン食に合うものですから、味つけは全般的に濃いめです。味がしっかりとついていれば、日持ちもします。けれど、特に長く保存する必要がない時は、その時の気分で味を決めています。なかには時間をおくことで味がしみたり、口あたりがやわらかくなったりするものもありますから、冷蔵庫の中で保存することででき上がり、という料理もあります。

保存方法について

保存は必ず冷蔵室で。容器は、きれいに洗って完全に乾燥させたもの。水滴や汚れは、傷みの原因になります。特に密閉性の高い容器でなくてもいいのです。ふたつきであれば、空きびんやステンレス、ガラス、プラスチック、ほうろう、アルミ容器などなど、手持ちのものを使ってください。それもなく、冷蔵庫のスペースがない時は、ラップで包んだりポリ袋に入れてもかまいません。マリネなど酢を使った料理は、酸に強いほうろうやガラスの容器を使います。

日持ちについて

保存できる期間は、あくまでも目安。おいしいうちに食べましょう。それでもどうしても長く持たせたい時には、再度しっかりと火を入れて、煮直すことをおすすめします。そうすると味がやや濃くなってくるので、そのまま食べるだけでなく、ほかの素材と合わせて、アレンジしたりして食べてください。

食べ方について

冷蔵室から出した常備菜は、そのまま器に移して盛りつける、小鍋や小さいフライパンに食べる分だけ出して温め直す、煮返すなどして食べます。ただし、容器から取り出す時には、きれいな箸やスプーンを使いましょう。食べながらつまむと、これも傷みの原因になるので注意します。

飛田《ひだ》和緒《かずを》

1964年、東京生まれ。高校3年間を長野で過ごし、現在は、海辺の街に夫と小学生の娘とともに暮らす。日々の暮らしから生まれる、身近な食材で作る無理のないレシピが人気。その中には、長野に住む母や友人によって知った長野の味、自身が暮らす湘南の味、その土地ごとの味と素直に向き合い、食材を上手に食べきるための知恵も詰まっている。著書に『主菜』『つまみ』（ともに小社刊）、『飛田和緒の甘くないおやつ』（角川マーケティング）など多数。

アートディレクション・デザイン
佐藤芳孝

撮影
吉田篤史

スタイリング
久保原惠理

構成・取材
相沢ひろみ

校閲
滄流社

編集担当
足立昭子

常備菜

著　者／飛田和緒
編集人／泊出紀子
発行人／永田智之
発行所／株式会社 主婦と生活社
〒104-8357　東京都中央区京橋 3-5-7
tel.03-3563-5321（編集部）
tel.03-3563-5121（販売部）
tel.03-3563-5125（生産部）
振替　00100-0-36364
印刷所／凸版印刷株式会社
製本所／株式会社若林製本工場

ISBN978-4-391-14050-7